U0115319

سيرة ما تشنغن شون الوطني
المنتج الصناعي المسلم المشهور الصيني

عبدالله

穆斯林中國實業家
著名愛國人士馬忠順傳

中國工藝美術大師　王木東　塑

文化生活叢書‧人文商管

穆斯林中國實業家：
著名愛國人士馬忠順傳

阿布杜拉‧馬孝平　著

目次

《穆斯林中國實業家》梗概

　　馬公忠順（1892-1974）祖籍河南周口人氏，回族，虔敬的伊斯蘭教徒。一八九八年家鄉水災，兄弟三人逃荒於上海，當建築童工。後由穆民引薦到法國有軌電車公司打雜，做駕駛員。

　　一九一一年兄弟合夥在滬小沙渡開設馬復興牛肉包子鋪。

　　一九一六年隻身來錫，在漢昌路十三號開設清真馬復興菜館，經營乾切牛肉、羊羔、炸牛排、炒筋肚、油雞、烤鴨、糟鵝等清真伊斯蘭系列菜餚。並首創牛肉酸辣湯，風味獨特，膾炙人口，與王興記、聚豐園並列為無錫三大特色餐飲業。

　　一九一九年組建天一池浴室，開鑿了無錫第一口商用自流井，使漢昌路成為無錫最早飲用自來水地區之一，開創了少數民族為無錫公益事業之先河。

　　一九二二年由無錫穆民推舉，擔任清真寺第一任董事長，主持寺內的一切費用，不僅建造寺院，還在蘇州購房產。

　　一九三三年廣勤一支路原是澤地，公與吳家、榮家一同買了石料鋪好路基，築成廣勤一支路。

　　一九三五年造九如堂馬氏大洋房，主樓為穆斯林旅館，副樓開辦無錫第一家初具規模的馬復興宰牛坊。

　　一九四〇年開創無錫第一家奶牛場，生產無錫第一瓶 A 字牌鮮牛奶。翌年捐資興建菜業公會子弟小學。

　　一九四五年設立馬復興分號，為無錫最早建分店的菜館之一。

一九四八年在安徽潁上縣置地四百五十畝，擬作牧場——養牛基地，使養殖、屠宰、加工、乳業系統化。同年辦起馬氏診所和馬得利鐘錶店。

一九四九年中華人民共和國成立，市領導非常重視，以愛國人士、少數民族代表身份邀請參加市政協、市工商聯擔任委員。在歷次政治運動中，處處嚴格要求自己，並以三分之一的利潤捐獻買飛機大炮和公債，送三個兒子參軍，成為光榮軍屬和立功家屬。公且向當地政府交出四百五十畝田單，和十餘間房契。

一九五〇年，由馬公牽頭聯合組成清真五聯宰牛股份有限公司任董事長。這是無錫回民首度合作成功之典範。同年又建復興汽水廠和馬義興菜館。

馬公一生在執著經商的同時，無不關注公益事業。他建水塔，造寺院，投房產，立公墓，築道路，興教育，辦食堂，散乜貼等等樂善好施的義舉，載入史冊，永駐人們心中。

一九四九年二區區委、區政府缺少辦公用房，租用廣勤一支路六十四號，至一九五五年，公主動向無錫市包厚昌市長提議，將此宅獻給政府。包市長說：「沒有這條政策啊！」公執意，後收下代管。市長派公多次接待中外穆斯林代表團和西北少數民族代表團，後又委任伊斯蘭食堂及惠山分店和回民飯店三店副總經理，直至一九七四年逝世於大宅西南亭子間。

傳記謳歌了馬公從童工到實業家的業績，彰顯其平凡創業的軌跡，從中真正感悟到他的心跡：不因失去而悔恨，只為奉獻而自樂。

著名愛國人士穆斯林中國實業家
優素福・馬忠順
（1892.6.16-1974.11.14）

著名愛國穆斯林中國實業家

馬忠順之實業簡錄

1　企業

上海清真馬復興包子鋪	清・宣統叁年（1911）開創
無錫清真馬復興菜館	牛肉酸辣湯無錫第一碗
天一池浴室	無錫最早的商用自流井之一
清真馬復興宰牛坊	無錫最早，江蘇最大的宰牛坊
穆斯林旅館	（房已造，因抗戰告停）
A（愛）字牌奶牛場	無錫第一瓶牛奶誕生地
清真馬復興菜館分號	無錫最早設立分店之一
馬氏診所	
馬得利鐘錶店	
馬復興養牛場	（地、房已置，因國共內戰告停）
五聯宰牛股份有限公司	無錫市回民首度合作企業
復興汽水廠	無錫市第一張立功喜報告捷
清真馬義興菜館	

（1953-1956無錫市人民政府交際
處負責接待中外穆斯林代表團和西
北少數民族代表團）

（1956-1964公私合營伊斯蘭食
堂、伊斯蘭食堂惠山分店及回民飯
店三家副總經理之職）

2 房產

造大洋房一幢	廣勤一支路64號	無錫最早的框架式結構之一
樓房一座	通惠路八號	
房產十數間	皖穎上縣東關	

3 地產

土地2畝	廣勤一支路	
土地450畝	皖穎上縣	田單、房契，一九五〇年交政府

4 公益

建水塔供居民	漢昌路
造寺院為穆民	長慶路250號
投房產替回民	蘇州
初立回民公墓	錫山腳下
三方合資築路	廣勤一支路
資建菜工小學	北倉門
再建回民公墓	青龍山
辦伊斯蘭食堂	城內、城外、惠山三店
散乜貼樂施善行	負責伊斯蘭教兩大節費用

5 拓業

馬復興鐘錶工藝館	公花園蘭花樓27、28號	獨資
伊斯蘭菜館股份	公園路	股東
無錫市馬復興商貿有限公司	人民中路163號	合資
香港馬復興公司	香港	獨資

漢昌路際繫回盛，
實業家中數忠順。
王興聚豐鼎復興，
縈商唐賈馬業騰。

《馬業騰》

作者　馬孝平
篆書　劉鐵平

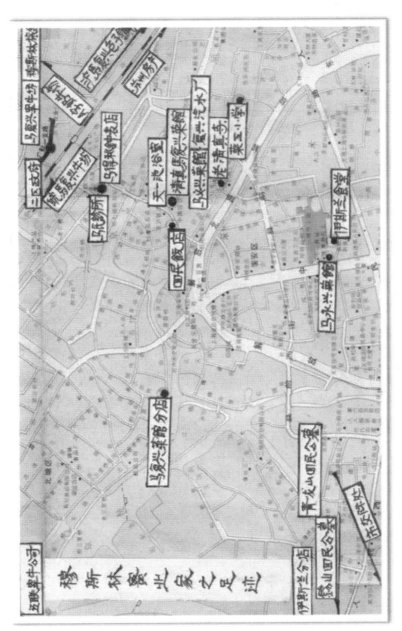

穆斯林中國實業家之足跡

無錫清真寺第一任董事長優素福・馬忠順（後排左二人）

九如堂馬宅　主樓

九如堂馬宅　副樓

敬序

馬忠順回族工商實業家

—— 一個被窮回回實現的夢

　　《穆斯林中國實業家》記述了一個被窮回回實現的夢，美夢成真，這便是傳奇人物馬公忠順的傳記。它通過圖文並茂的手法，滙雕塑、書法、攝影、圖片為一起，集製圖、文件、物證、藏品為一體，以大量資料旁徵博引表達錚錚鐵骨的漢子奮鬥博弈一生的活動軌跡，揭示其以「商德第一」的宗旨，創造社會財富的史實。

　　馬公忠順河南周口人氏也，係少數民族回族。無錫市著名愛國人士、少數民族代表、市歷屆政協委員、工商聯委員、清真寺第一任董事長、光榮軍屬、立功家屬。無錫市伊斯蘭飲食文化之開拓者，近代少數民族工商業之先驅，並開創了少數民族投身社會公益之先河——一代實業家：自清宣統三年（1911）起創辦了包子鋪、菜館、浴室、宰牛坊、奶牛場、診所、鐘錶店、汽水廠、宰牛公司和旅館、牧場等十餘家之眾，後兩者屋已造，地已置，分別因抗日戰爭和國共戰爭而告停。員工近百人，房產三處千百餘平方米，地產四百五十二畝，此為公發憤一生之業績。並建水塔，造寺院，投房產，立公墓，築道路，興教育，辦食堂，散乜貼等公益事業回饋社會。在無錫和周邊城市及鄰省的穆斯林中列居首席，為前無古人，今無來者，實屬我穆斯林同胞中的佼佼者。

　　馬公領導的企業曾多次被評為省先進單位、市最佳商店和特色商店。

　　二〇〇九年二月二十五日，馬公忠順先生被無錫市文物管理委員會正式命名為「無錫回族工商實業家」。

　　二〇〇九年六月，馬復興菜館即由無錫市人民政府撰編在無錫歷史掌故叢書中，列入《無錫老字號》；同年九月，馬復興分店又編入中國人民政治協商會議無錫市北塘區委員會撰纂的《北塘老店鋪》。

　　對歷史負責，理當將公德無量的馬公載入史冊，以告慰在天之靈。故作七言絕句權且為序：

馬業騰

　　漢昌路際繁回盛，

　　實業家中數忠順。

　　王興聚豐鼎復興，[1]

　　榮商唐賈馬業騰。[2]

　　樹碑已無望，因為不在回民公墓之列，縱有遺產千百萬也只得作罷，故託立傳來寄託哀思，聊表慰藉，畢竟文章千古壽！

　　讓《馬氏家譜》之外，增設孝字輩為忠字輩——俠骨柔腸的傳奇人物煌煌一生著撰傳記，以供世代相傳之，斯為敬序主旨所在也。

優素福・馬忠順五十大壽與七十大壽照

1　王興為王興記餛飩店，聚豐即聚豐園菜館，復興便是馬復興菜館。
2　榮商為榮氏家族，唐賈為唐氏家族。

引言
愛國實業家的最後遺產
——無錫最早框架結構大樓

　　位於無錫市廣勤一支路六十四號的清真宰牛坊建築遺存逾今已有七十四年歷史，係無錫市少數民族工商業先驅、著名愛國人士馬忠順先生建辦，內部至今還保存著許多珍貴的老物件，是一座反映無錫近代少數民族愛國人士在無錫生產生活的代表性建築，具有一定的歷史保留價值。但是，目前該處房屋已列入火車站北廣場建設拆遷範圍，請求及時保留，如果拆除就會留下很多歷史遺憾。

　　一、清真宰牛坊建築遺存佐證了無錫做為民族工商業發祥地的不爭史實。最令無錫引以為傲的是，被世所公認為近代中國民族工商業的重要發祥地，是一座歷史悠久的工商城市。共同書寫這一歷史華麗篇章的工商人物除了榮、唐等顯赫家族以外，還有像馬忠順這樣的回族工商業代表人士。馬忠順，籍貫河南周口，一八九八年因家鄉水災兄弟三人逃荒至上海，起初由童工到駕駛員，後一九一一年在申開設馬復興牛肉包子鋪，一九一六年隻身來錫，在漢昌路十三號創辦清真馬復興菜館，事業壯大後陸續開辦了天一池浴室、馬復興宰牛坊、A字奶牛場、馬氏診所、馬得利鐘錶店、馬義興菜館、復興汽水廠等實業。現存的清真宰牛坊就是一九三五年竣工的宰牛公司核心建築，從斑駁的牆體上可以管窺出近代無錫工商業發展的不平凡軌跡，折射了馬公忠順等民族工商業者創新立業的人生奮鬥歷程，並且為無錫工商業發展史、城市發展史以及工商特色文化、城市精神和民族團結提供了真實的寫照。

　　二、清真宰牛坊建築遺存是無錫重要工業遺產不可分割的一部分。工業遺產是最具地域特色和個性的歷史文化資源，而且是不可再生的珍貴資源，是無錫文化事業、文化產業發展的基礎。加強工業遺產的保護十分重要、迫切，保護好工業遺產對於打造城市品牌，挖掘歷史文化內涵，彰顯城市文化特色和底蘊等意義重大。忠順先生一手創辦的馬復興菜館，眾所周知是無錫赫赫有名的「老字號」商家，與王興記、聚豐園並駕齊驅，在過去同為無錫三大特色餐飲店。清真宰牛坊建築遺存具有典型的上世紀三〇年代框架式建築風格，面北朝南，磚木鋼筋水泥結構，主樓為帶閣二層樓房，層差三點八米，東西南北四面都樹有「九如堂馬界」界石各一塊。現屋內還有「清真教門馬復興」金字招牌、印章、座鐘、專用器皿、滷肉大缸、大秤、煙囪等用具和設施，充分反映了當時的工業加工歷史風貌和清真飲食文化特色，展示效果頗具豐富性、配套性和延續性。

馬宅主樓・無錫市第二區人民政府所在地

馬宅副樓一角‧一九三五年馬復興宰牛坊建築遺存
無錫市第二區人民政府所在地

　　值得一提的是，金字招牌書法為曾任清末無錫知縣廖倫的墨寶，
黿頭渚風景名勝有兩處摩崖石刻「包孕吳越」、「橫云」即廖倫所提。

　　三、清真宰牛坊建築遺存反映了前輩愛國愛教的統戰佳話。忠順
先生在一九二二年經無錫穆民推舉，擔任清真寺第一任董事長，承擔
寺內一切費用，並狠抓商機，審時度勢把建寺的剩餘款悉數啟用，在
蘇州為寺院購置房產若干。他還開創了無錫少數民族熱心公益事業之
先河，為解決漢昌路地區的飲用水問題，自費開鑿了無錫第一口商用
自流井，還出資建築了廣勤一支路。馬忠順思想進步，愛黨愛國，一
九四九年以愛國人士、少數民族代表身份擔任市政協、工商聯委員；
抗美援朝期間將利潤的三分之一捐獻國家買飛機大炮和公債，還主動
向政府捐贈四百五十畝田單和十餘間房契，送三個孩子參軍，受部隊
表彰為光榮軍屬和立功家屬。現存的清真宰牛坊建築遺存還訴說了一

段馬忠順先生與共產黨深厚的統戰情誼。一九五〇年無錫原二區區委、區政府缺少辦公用房，一九五〇至一九五三年期間一直租借在這棟大樓內辦公，期滿後忠順先生主動向包厚昌市長提議，將此宅無償獻給政府，包市長說：「沒有這條政策啊！」但是，忠順執意為之，包市長只好同意代管，產權仍歸馬忠順所有。

四、清真宰牛坊建築遺存完全可以集中彰顯我市工業遺產成熟的保護經驗。目前，該遺存具備得天獨厚的三方面的原址保留條件：1. 房屋堅固，修繕要求不高。儘管該房屋存世至今已有七十四年，但建造質量很高，原牆基採用大黃石疊砌，上方再捆上腰箍，是標準的框架式結構，牆體採用清水磚，木材全部採用花旗松，房屋整體牢固，數十年不曾修繕，至今保存完好。一九三七年底日軍轟炸火車站，炸彈在旁炸響，此房尚能劫後餘生，安然無恙。2. 許多文史專家都對這棟建築給予了很高的評價。無錫電視臺《阿福聊齋》欄目在二〇〇八年四月十四日專題介紹了該遺存，專題片採訪了許多專家學者、歷史當事人。原市文管委主任、著名文史專家夏鋼草認為：「這棟老宅的政治意義大於建築意義。」市太湖文化研究會會長浦學坤指出：「該處老宅是不可再生的歷史遺產。」原財貿系統負責人孫炳卿主任證實：「馬復興是無錫第一家清真宰牛坊。」3. 不存在保護與開發的矛盾。無錫市現有對舊廠房、舊倉庫、舊碼頭、舊酒坊、舊糟坊等工業遺產成熟的保護思路，不是一味拆毀，而是利用其自身特點，運用藝術的規律合理加以發揮利用，把沉睡的工業遺產喚醒，綻放出新的光芒。這處建築遺存除了可以通過揉進文化創意和美學設計，建成少數民族陳列館展示其歷史價值、人文價值以及社會意義以外，家族願意出資在原址恢復「老字號」馬復興菜館，再現「百年老店」盛世景象，宣揚誠信崇商的城市形象，況且原址建築不存在產權爭議，馬公後人也有志於宣傳先人功德，光大祖業。這樣，完全可以與火車站北

廣場現代化氛圍交相輝映，相得益彰，時尚與古樸同行，新潮與厚重並存，南來北往的中外遊客一定能從這棟標誌性、符號性的建築遺存上體味無錫這座城市更多的特色和內涵。

為此，對這一處建築遺存加以保護、復興，實則是保存我市民族工商業發展文物，傳承近代無錫人口、經濟與社會發展的信息，體現對歷史、對民族、對宗教以及對我黨統戰傳統的尊重。請求無錫黨政領導及文化、文物、規畫等部門將其確定並公佈為工業遺產或市級文物控制單位、市級文物保護單位。在此基礎上，按照我市對工業遺產保護採取「護其貌、顯其顏、鑄其魂、揚其韻」的成熟理念以及按照《江蘇省文物保護條例》第三十四條規定：「地方各級人民政府應當合理利用本地區文物資源，形成地緣文化特色和區域品牌特徵，並應用於商業、貿易、旅遊、交通等領域。」對這處建築遺存進行保護性開發，少一點急功近利，多一處傳世傑作，最終實現彰顯百年工商名城底蘊，塑造文化無錫城市形象的多贏目標。

民進無錫市委秘書長

劉小兵

二〇〇八年十二月二十四日

第一章
傳略

一 王莽趕劉秀「南頓」失交臂──如此難頓的黃驃馬韁繩

　　相傳西漢末年孺子嬰被廢黜後，王莽專權篡位於西元九年建立「新朝」，為了鞏固維護其統治地位，徹底廢除漢高祖劉邦立下的御旨「非劉氏為王，天下共誅之」的局面，故斬草除根命追殺劉氏後嗣劉玄、劉秀等，流傳下眾所周知的《王莽趕劉秀》的典故：

　　傳說劉秀冒死日夜兼程，披星戴月地逃出京城，單騎馳騁在沃野千里之平川。是日，入豫以臨近黃昏，在前不見店，後不著村時，無奈的劉秀疲憊不堪跨下黃驃馬駒，躲進一片銀杏樹林中，由於緊張、飢餓、勞累和困頓，隨手把馬韁繩繫在一棵最大的銀杏樹上，便倒地昏昏入睡……

　　子夜剛過，遠處的火把齊明，人聲鼎沸，馬蹄聲、追殺聲由遠及近。黃驃馬突然頓蹄長嘶，驚醒進入夢鄉的主人劉秀。聞聲劉秀一骨碌從地上翻身即起，見狀不由分說去抓韁繩，可任憑其解就是解不開，使出渾身解數還是絲毫未動，就是頓也頓不斷，他聲嘶力竭地仰面歎道：「怎麼這樣難頓啊，老天爺，吾命休矣！」

　　捉拿聲、馬蹄聲交織不絕於耳，劉秀早已汗流浹背。天無絕人之路，他思忖頃刻使出最後絕招：用左腳踹大樹，右手頓韁繩，用足吃奶之力頓、頓、頓！是劉氏先祖列宗佑護，第三頓終於斷了韁繩，劉秀飛快地躍上馬背，揚鞭快馬消失在夜幕中……

「怎麼這樣難頓啊，老天爺，吾命休矣！」這聲音一直傳到西元二十五年，凌雲壯志的劉秀最終稱王，建立東漢，立為光武帝。為感謝老天爺和當方土地菩薩的救命之恩，特故地重遊還願到此。此時銀杏樹已高十數丈，當年繮繩被頓的痕跡依稀可見，用左腳蹬樹的腳印還深深地烙著，清晰可辨。光武帝為紀念遇難而呈祥之地，特御賜為「南頓」，即「難頓」之諧音，以流芳於世。日復一日，年復一年，千百年過後，當年的銀杏林只剩兩棵，那棵大樹雖古木參天，但由於雷擊和人為的燒香供燭而火燎，縱使樹冠高只剩數丈之餘，可樹粗大可數圍，另一棵亦是如此。一九九二年清明前後，筆者曾返祖籍探望先祖陵墓時，特地尋訪大樹，且見兩棵大樹尚還健在，它們為南頓鎮的歷史見證，可敬、可親、可喜、可慶也。

南頓命名後，由巷成村，由村變鎮，直到明朝年間，南頓已為回族聚居生息繁衍之地，鎮上以馬和劉兩姓為大，多數是信奉伊斯蘭教的穆斯林。他們由游牧進化為農耕，由農耕發展到經商，直到機械加工行業。故此可見，先輩們的勤勞發達便可想而知了。《馬氏家譜》的第一代世祖馬公祖九豐就誕生並葬於此地，大墳完整無損地保留著。以後的數百年間隨著經濟的變化，馬氏後人逐漸向周口、項城、漯河、商丘等四周幅射、延伸、發展……事過境遷，至今已二十世代。

追溯歷史歲月，還有一說是馬氏回族於宋朝年間入豫，當時採用的姓氏多為阿拉伯音：Ma，後宋朝皇帝特賜「馬」字為姓。河南南陽縣黃池陂（新野）有皇清處士馬公祖義德壽碑，立敦悅堂馬公伊澤為先祖，生九字輩：九成、九經、九朝、九蛟、九德、九功、九賢，許是馬公九豐同屬一宗，但有待考證，惜乎！

何處「馬」姓？南頓馬

二　建築童工到電車駕駛員——豫馬氏家族支脈現申城

　　豫《馬氏家譜》中首世馬公九豐，堂號九如堂也。據傳祖輩曾獲明朝武狀元頭銜，確係名門望族，其子輩為馬云、馬雨、馬秀。公居馬氏家族第十三世，父馬存福，字厚生，據述三代「單傳」，經營估衣行，家道頗殷實。取王氏之女，生四子：忠魁、忠德、忠順、忠信，公排行老三，經名優素福，全稱優素福·馬忠順。生於清朝光緒十八年（1892）六月十六日豫周口韮苔廟西南，屬地龍生肖，卒迄一九七四年十一月十四日無錫市廣勤一支路六十四號九如堂馬宅西南亭子間樓下東側。殯葬惠泉山北麓石門龍舌尖西側。公為人篤厚，待人以德，天馬行空事業至上的工作狂，是位光明磊落的虔誠的穆斯林傳奇人物。

　　一八九八年由於特大洪澇一瀉千里，妻離子散天各一方。公與兩位兄長流離顛沛，浪跡天涯，輾轉逃亡至上海。在舉目無親的日日夜

夜裏，蒙兩位兄長的關懷備至，面對一碗施捨的泡粥，三兄弟不是你爭我奪，亦不相互推讓，而是選擇默然背身去尋找覓食之地，祖上的家教族規便知一二了。

自食其力自建築童工始，就踏上一條坎坷的道路。挑黃沙，背石子，掮水泥，扛鋼筋……至高樓建築大廈。每一百擔即一塊銀元，九十九擔不計則「爛掉」。老二忠德因羸弱而退出當小販，公與大哥忠魁身大力不虧，小兄弟倆扛抬頂一人挑，勉強掙扎數載。誠然在童工的春夏秋冬中，建築工地成了公之「社會小學」，工頭、工匠們就是師傅，很快公學有所成，例如：紮鋼筋、做泥瓦、裝水電、刷油漆等作業全能，並潛心鑽營壁爐和煙道的製作。心想，學著這些手藝又不會爛，興許有朝一日自己造房子能派上用場，公就是這樣帶著對未來的憧憬而發憤學藝。

上海小桃園清真寺・望月樓

工地的頭兒也是穆斯林，和藹可親像父輩一樣，經常帶公等到上海小桃園清真寺去禮五時拜：晨禮、晌禮、晡禮、昏禮和宵禮，人們尊稱他白老表。他五十開外，烏黑的大眼和高聳的鼻樑還保留著青春時的英俊，八字鬍子和黑色禮拜帽增添一絲嚴肅矜持，能講一口流利的法語，好似從中東來的穆斯林。見兩兄弟如此刻苦耐勞心猶不忍。不一日，白老表把兩兄弟引薦到法國人在滬開設的有軌電車公司。這裏便是公之「社會中學」，駕駛員、售票員即是教師，由打雜幹零活直至駕駛行當，果不其然公與大哥出類拔萃贏得洋老闆的信任。忠魁不久娶常氏為妻，生孝仁獨子；忠德也在龍華做起小買賣立住了腳跟，置地造屋，並娶李三姑為妻，生孝剛獨苗；唯忠信因小而仍隨父親留豫度日。

兄弟四人在其父馬存福，母馬王氏的諄諄教誨下，領略到吃盡苦中苦，方為人上人的做人理念，並在屢屢訓示中告之：「能受天磨方鐵漢，不遭人忌是庸才。」據此兄弟們擰成一股繩，絕不辜負先輩的期望，一定要立足東方大都市——上海。

經歷大好年華的博弈，立業後的便是成家。一九〇八年，就在這一年公與安徽壽縣蔡氏之女在上海德潤里成親，後育四子一女：孝申、孝杰、孝春、孝先及孝英。

三　清宣統三年始創馬復興——真主恩澤積累第一桶金

自吳三桂引清兵入關，一六四四年愛新覺羅・福臨於北平創建大清王朝，因驍勇善戰的滿清統治者為游牧民族，在國家的治理上落後無能，天災人禍，苛捐雜稅致使民不聊生；對外割地賠款，喪權辱國，特別到晚期更是腐敗透頂。百姓流離失所，只能逃亡。古人云：「樹挪死，人挪活。」帶著此一絲希望湧入大都市，上海便是首選。

　　城市中人口急增，失地的農民為生存只得結幫拉派維繫生命，幫會幸運而生。未久，以各省命名的同鄉會如雨後春筍。申地的小沙渡處便是河南同鄉會會所，其中穆斯林卻占一半，大多是姓馬、穆、沙、白、哈、楊、李等。他們均以小生意為本，如賣早點：豆漿、油條、大餅、煎餅等維持日子，有的拉黃包車、腳夫、苦力等體力賺錢養家餬口。他們都是赤手空拳來滬打拚的，肩負全家的命運和希望，一步一個腳印，尋找生存之路。雖處社會最底層，可都是安份守紀之人。相繼清真寺的建造，這批人退出同鄉會，清真寺便成了穆民聚居和宗教活動的場所。

　　俗言道：「老鄉見老鄉，兩眼淚旺旺。」這是同鄉會中的點滴場景；可在清真寺內卻是「老表見老表，兩眼喜洋洋。」因為「千里穆民是一家」的教導自幼深埋心田，彼此關係非老鄉可比，一聲「色倆目」賽過親兄弟。

　　公從河南進上海，由建築工地上的童工，到熟悉各工種的師傅，最後還是靠穆斯林白老表引薦到法國有軌電車公司，進入外資企業，從打雜到售票員；從售票員到電車駕駛員，都是一步步苦過來，一樁樁幹過來的。正是皇天不負有心人，真主憐憫有心人，上帝保祐有心人。

　　清宣統三年，斯年正是西元一九一一年，在法國有軌電車公司工作的公，由於駕駛室無遮蔽，風吹雨淋，冰雪交加十分艱苦，在有些積蓄後公擬棄工經商，加之兄弟仨積累了第一桶金的資本，機不可失，時不我待，於是合夥在申小沙渡、九畝地、德潤里（現普陀區長壽路）等地，開創了以「馬復興」命名的清真牛肉包子鋪。「復興」即喻國的復興和家的復興雙重內涵。斯年正遇辛亥革命。包子謂麵食是北方人的專利、強項；牛肉可為回回族的拿手產品，幹自己的特色品種。況且房子自己修，門頭自己裝，爐子自己膛，桌椅自己漆……

一切自力更生，這樣的店號哪有不成功之理？

　　隨著經營項目的擴展延伸：如乾切牛肉、清水羊肉、拉麵、油餅、牛肉粉絲湯、鍋貼、包子、餃子等小吃的開發，只要顧客需求，馬復興的師傅們便能手勤美食到。真主的賜福，公們在「商德第一」的宗旨下，果不其然地生意興隆，財源廣進。可公從不亂花一分錢，硬是把一分錢掰成兩半用。就是孩子們的剩飯殘羹也不倒掉，兌一勺清湯燒一下吃了。「粒粒皆辛苦」是創業者警世明言，君子愛財取之有道，公們的艱辛就是從一點一滴開始，以此積累財富。公有一句言之鑿鑿的口頭禪：「一多不多，十多許多。」商海闖蕩數十載，公就是憑此日積月累，直至腰纏萬貫。然而話得說回來，公對自己異常刻薄，可對工友卻親如兄弟，從不吝嗇，自當老闆的第一天起就是這樣做的，古人有訓示曰：「一個籬笆三個樁，一個好漢三個幫。」可以說這是其事業成功之道。

四　漢昌路上窮回回亦興盛──馬復興移師勞資而逆轉

　　回族在清朝年間入居錫金，一九○○年伊斯蘭教傳入錫城。清宣統三年即一九一一年，京（寧）滬線已全線開通，無錫火車站開關不久，雖說小站，但已不脛而走，享譽「小上海」之稱的城鎮了。出站進城的通道便是通運橋（工運橋），當時還是一座木橋。過橋即是通運路，後來一度是無錫城外最繁華之地，被時人稱為「馬路上」。可屆時還是荒蕪淒淒的蘆葦澤地，不遠處的西村竟是典型的鄉村僻壤。未幾，辛亥革命爆發，無錫「光復」。民國元年──一九一二年縣府在老北門與東門之間新築了「光復門」以示紀念。從而火車站至光復門開拓了一條較寬闊的新馬路。原本的墳塋野地、塘澤溝渠、鄉村農舍都逐一被新興的旅社、遊樂場、戲院所取而代之，其中新世界遊樂

上海馬復興包子鋪及居家老物件

銅帳鉤

「一帆風順」紅木擺件

湯婆子

放芝麻之盆

孩童的馬桶與腳盆

梳妝臺之凳

場和中央、中東大戲院及南京電影院最有人氣。連接通運路和光復路
的道路以「漢昌路」命名，即漢族昌盛之路。最早的「馬復興菜館」
雛形就座落於此，這是後話，筆者先提一筆。漢昌路是火車站旅客下
車後進城池的捷徑，黃包車、自行車、獨輪車等交通工具都可通行。
旅客、遊客、乘客、觀眾都是商家的客源，公之心扉頓開，並暗暗立
下誓言，信誓旦旦地說：「我要在漢昌路上讓窮回回亦興盛，真主保
佑我馬三（馬公排行老三）！」

無錫新世界遊樂場遺照

無錫中央大戲院遺照

公何意從申隻身赴錫？一則兄弟鬩牆而別，更則是公從地理位置
分析，此舉是從法國電車公司中教益的。無錫甚小且滬地一區之域，
然城位於太湖流域，青山綠水風景秀麗，可謂「小家碧玉」婀娜多
姿，況且地處京滬鐵路之中心點，京杭大運河並貫通全城廓，無論水
路或是陸路，交通極為便利，堪稱「小上海」之譽，又是全國四大米
市之一，商機無限，潛力無窮，可稱人傑地靈。偌大的上海經營遠不
如在無錫發展有前途。直面天時、地利、人和的條件下，選址尤為重
要。公睿智慧眼獨到，其既不選擇已有一定市口的北塘地區，亦不選
擇已成規模而井然有序的城中心地段，卻一錘定八音選擇了在當時還

是一片荒野的通運路附近的漢昌路，委實令人不可理喻。難道漢昌之路必回盛嗎？難道真主賜與公先知先覺嗎？實踐出真知，經歷二十多年的博弈，在無錫立足並大有作為。事實勝於雄辯，公之決策乃是正確的，因此成功了。

回憶創業崢嶸之歲月，初來乍到錫城，漢昌路命名不久。一條小溪自店前淌過，斗折蛇行，明滅可見，向遠方蜿蜒，而後匯集運河之中。輕楊垂柳在溪邊隨風搖曳，花兒含苞欲放，散發著誘人清香，沁人肺腑。環境幽靜，是個典型的農舍小飯莊。

公兩度隻身來錫當紅鍋師傅，並調研考察市場。店老闆朱老表中等偏矮的個兒，瘦瘦的，顴骨頗高，羊鬍鬚飄然前胸，一見便知是個精神矍鑠之人。但見公技藝高超，卓爾不群，便甘願拱手把菜館讓於公而屈尊帳房。多次的推辭無用，最後公盛情難卻，親回十里洋場面洽，並徵得忠魁兄同意，毅然遷徙移師錫下，接盤漢昌路十三號清真菜館。至此勞資雙方關係劇變：工人當老闆，老闆成工人。就這樣上海的馬復興從滬擴展並喬遷無錫，一九一六年六月十六日，也就是公之生辰，正式沿用馬復興字號命名無錫清真馬復興菜館，乃正是「鍋碗瓢盆無弦樂，甜酸苦辣有味詩」，開始了它在錫城經營的第一天，也是公之「社會大學」——馬氏家業的起始和開端。

把漢昌路作為契機，讓漢族昌盛之時回族亦興盛起來。

無錫馬復興菜館遺址及老物件之一

菜館之遺址（漢昌路13號）

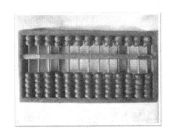

算盤

帽筒及花瓶

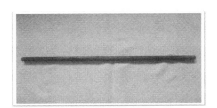

擀麵杖

牛線湯碗、包子鍋貼盆及碟子

德國「J」字鐘

粉彩果子露壺、油燈、托盤

五　名店有名師，名師托名店——厚德載物以德才而取人

世界上的三大餐即中餐、西餐和中東餐，後者又稱清真餐，都分佈在穆斯林伊斯蘭國家，以牛羊駝、雞鴨鵝為主菜，這種飲食稱之謂伊斯蘭飲食文化。同時，隨著時代的變遷、發展，此文化漸漸推而廣之到歐亞大陸及南北美洲和非洲。

大凡餐飲行業的興衰取決於客源，通運路各旅社的旅客，新世界等遊樂場的遊客，碼頭上小貨輪的乘客，各浴室的浴客……都無形中成了馬復興菜館的客之源。易主後的馬復興是一家單開間的回民館，門前的雨棚下掛著金字招牌，它的四角裏著豐碩的花果浮雕，精美而不麗，中間是「清真馬復興」幾個金字，鑲嵌在古蘭色的底板上，很是醒目耀眼；其背面印有「經文」和「湯瓶壺」標記，古樸而莊重。

從童工時代到駕駛生涯，一路走來，白老表和法國老闆的管理模式直接或間接地運用了「寧可備而不用，絕不用而不備」的決策，此策略啟迪並指導了公開創事業的毅力和決心。

不幾年，馬復興以商德第一很快贏得公眾的信譽，交口稱讚，便從一家不起眼的小店迅速崛起，發展成三開間門面的大店。況且周旋的餘地甚大，後面是一畝有餘的大院落，院中一口深井，水池、冰箱自己砌，炒菜爐、烤鴨爐公自行設計並製作，完全具備前店後作坊的條件。可以自營屠宰雞、鴨、鵝、牛、羊、兔，專營以伊斯蘭飲食文化為主體的中型餐館。

穆斯林搞清真菜具有得天獨厚的優勢，是無可競爭的。公三思而後行決定擴大範圍，取上海馬復興牛肉包子鋪之精華，而捨其糟粕。從任人唯親到任人唯賢，以德才取人，光大菜餚思路。人可換，菜可翻，但在公心中的一條潛規則：「好人出好菜」，自始至終不變。於是乎親臨南京、鎮江、揚州等地招兵買馬，廣納人才，高薪聘請德才兼

備且經驗豐富的師傅來錫共闖天下。正是各按天命陸續來，一舉數得喜顏開。按廚師、點心師、滷菜師等聘得江立成、陳同義、倪福根、完老表、小喜子等行家裏手。

筆者在此值得用筆墨重點介紹的雞鴨大師傅江立成，他生得微胖，中等略高的個子，一股福相，聲音笑貌自然親切，和藹可親，其愛好養鳥。人稱「三把頭」——只需三把便能脫去雞的全部羽毛，連喙殼、腳皮和腳爪尖一個不留，利索乾淨。屢屢表演在門庭，招徠無數行人止足。江氏的烤鴨還是無錫之一絕也，其特點：首先是選料，選擇清一色的麻鴨。肥者做板鴨，瘦者做鹽水鴨，唯中等個兒做烤鴨胚子。其次製作時用豆萁將特殊的爐子加熱到一定溫度後熄火，然後掛入吹乾的鴨胚無明火煙燻烤，半小時後桔黃色的半成品出爐，然後重複加熱爐子，將半成品塗抹香油再入爐烤成深金黃色，即現代的綠色食品；其次能打成一○八片肉夾單餅，鴨殼子做湯，這是常規吃法。可馬復興的烤鴨肉質更鮮嫩，竟能吃到鴨滷，此絕招為旁人所望塵莫及的了。您說可堪稱一絕否？再則江氏的品德如同他的手藝一般光表照人，是我們後人之楷模也，至今令人緬懷。

大廚陳同義此人較高，相當健壯，一雙炯炯有神的眼睛中可知精力充沛，智慧過人，有一頭烏黑亮麗的捲髮，他來自大西北的穆斯林，牛羊肉的炒爆煎炸，色香味形是他的拿手活，尤其是炸牛排紅燒羊肉，炒筋肚咖哩牛肉，炒士件黃燜牛肉等都是馬復興的招牌菜；完老表的魚蝦水產烹飪是其絕活，蔥烤鯽魚、燻爆魚、松鼠鮭魚、茄汁蝦仁等也是店中名菜；倪福根、段金生的麵案和小喜子、顏金生的點心，還有張幹臣的剝羊解牛的絕活等等均為馬復興增色添彩，他們是馬復興的中流砥柱，為成功的馬復興立下了不可磨滅的功勳。

可謂名店自有名師，名師托起名店。

無錫馬復興菜館老物件之二

古蘭金邊盆（諧古蘭經）一組・英皇冠牌

六　馬復興鼎王興記、聚豐園——牛肉酸辣湯無錫第一家

名師焉能無名菜？名菜還怕無食客？!

在解決客源和師傅之後便是店貌和菜餚，乃是創名牌所不可缺失的四要素。

店貌的眼睛為招牌，「馬復興」三字是公親自題名，由曾任清末無錫縣丞、民國無錫政府第一任縣長廖倫先生親筆書寫。這塊含金量

相當的金字招牌經歷文化大革命的沖刷仍完整無損地保存至今，為劫後餘生的瑰寶，因為它確確實實，實實確確為百年之遙的見證，是打造無錫歷史文化名城的佐證：不會說話的史實。

正對大門是一面進口車邊大鏡，老紅木鑲框，足有一人高度，二米寬，為整人衣冠而設，好不氣派。德國的 ge 吊扇在鏡中勻速旋轉著，Victory 的留聲機內不時地傳來京劇《龍鳳呈祥》的唱段。

三開間門面一分為三：前造兩側及中間分設滷菜間、麵食間和點心間，透明製作過程，隨到隨做，隨買隨吃；中間是餐廳，四壁皆湖綠色，一米五以上為白色，綠白相配是清真餐廳的特點，象徵伊斯蘭飲食文化的靈魂——綠色食品——阿訇誦經而宰的畜禽類。這種綠白色調與大門外古蘭底的馬復興金字匾額——即古蘭金（古蘭經）相得益彰；中央散座，四周分設包廂及雅座；廚房、庫房、冰箱均在後面。最裏面的是大院，為屠宰牛羊雞鴨之地，地中心有好幾個穴，供動物經阿訇頌經宰後放血所用，因為穆斯林是不食血的。

數十年的經營和操作，形成了系列產品。滷菜：有牛肚、牛筋、乾切牛肉，羊羔、羊丸、清水羊肉，牛腦、牛鞭、牛尾巴，糟鵝、油雞、虎皮蛋，烤鴨、板鴨、鹽水鴨等。

湯類：牛肉酸辣湯、牛肉線粉湯、粉雞湯等。

點心：鍋貼、水餃、牛肉包，單餅、合子、雞蛋餅，花卷、饅頭、高莊饅，羌餅、油餅、蔥油餅等。

麵類：拉麵、手擀麵、刀削麵，還有手搖機製麵等。

炒菜類：炸牛排、涮羊肉，炒筋肚咖哩牛肉，炒土件黃燜牛肉，炒蝦仁蔥烤鯽魚，燻爆魚松鼠桂魚等。

傳統菜：新疆抓飯大盤雞，內蒙涮羊肉，甘肅手抓羊肉，寧夏涼拌牛肉，陝西羊肉泡饃，青海燒烤羊肉等等不勝枚舉，一應俱全。

凡到清真教門館就餐，主食並非米飯，而是細糧麵食。最誘人的

是紅燒牛肉麵，一陣撲鼻而來的麻油香充滿店堂，令您食慾大開，此為清真館最大特點。在馬復興用餐絕對不會因為菜餚過於肥膩而使吃客倒胃。馬復興從黎明開門營業起，便供應早點方便客人，經濟條件好的，叫上一碗牛肉線粉湯，加上一客牛肉包子，或一個又酥、又軟、又香的，上面一層芝麻的餅，熱騰騰的，無錫人叫它「油餅」，花費有限，愜意無限。最令人難忘的是店門前從早到晚都架著爐灶，方便食客觀看，灶上的平底鍋中煎著用新鮮牛肉加上少量洋葱、老卜作餡心的「牛肉包子」和「牛肉鍋貼」，香氣撲鼻，飄逸整條漢昌路，這種美味可口有營養，又耐飢的食品售價每只才三分錢，當時的大餅還要三分錢，這類價廉物美的食品，放到現在也是難以令人置信。這是小市民和黃包車夫經常惠顧的點心，就連阿炳大師及夫人董彩娣也是這裏的常客，當然亦少不了當地鄉紳賢士的美食家，為食品評點宣傳，樹立口碑。

馬復興是無錫伊斯蘭飲食文化的鼻祖。經營伊斯蘭食品有嚴格的規定和限制。不食豬肉、自死禽畜、血和「無刀口」即未經阿訇誦經屠宰並在最短時間內處死的動物。故所以在清真館的醒目處必掛「本店清真，外菜莫入」的牌子警示客人。清真食品所用原料的新鮮度是絕對保證的，進入清真館您可放心食用，因為這裏沒有自死的禽畜動物出售。若要弄虛作假，非遭真主懲罰不可。

原料的新鮮度決定菜餚的好壞，故把關極其嚴格。公祖籍河南，豫飼養的小黃牛聞名遐爾全國，係國際公認的優良牛種。皮質好，繁殖快，性情溫和，尤其肉質更鮮且嫩。特別是牛齡在一歲半至二歲閹割過的小公牛，肉重在二百五十公斤左右的，更是味美而不可言。公有一套自製燒煮五香醬牛肉的特殊工藝：牛齡的長短，牛肉的部位，打塊的大小，入缸醃漬的鹽和硝的比例，醃製的時間與溫度，入鍋投放的佐料與調料之先後，以及燒煮時的火候變化等等都有嚴格的程

序，甚至使用什麼樣的鍋灶，燒什麼樣的柴禾都是十分講究的。曾對本市餐飲業頗具影響力的鄭漢鑫老先生坦言道：「他們馬復興菜館所掌握燒製五香醬牛肉的技術，還是獨一無二的。」

又，秋末冬初肥羊上市，馬復興將整隻由阿訇在後院宰好，經張幹臣老師傅剝皮後的肥羊懸掛店門前，吃客們可以指定羊身上的任何部位，加工成各種佳餚，或任意挑選最佳部位的羊肉，由廚師切成整齊、薄如蟬翼的肉片，在圓桌上架起木炭烤製的紫金暖鍋吃起涮羊肉，其佐料十多種，別具風味。朋友，告訴您，清真馬復興燒煮的各種羊肉菜餚，均無一星點兒羊膻味兒，可謂肥而不膩，嫩而又鮮，使您吃了還想吃，愛不釋手，品嘗不敗。君想知其原由否？透露一些家傳秘方吧，這些胡羊吃的不僅是青草，而且食豆萁，故無羊膻味。

另則，公自行研製開發的膾炙人口於半個世紀的牛肉酸辣湯家喻戶曉，立為無錫第一家，配以牛肉鍋貼，與王興記的餛飩小籠包並駕齊驅，經久不衰為大眾認可。它的問世主要解決乾切牛肉的邊角料，又把牛肉、魚類、蛋類、豆製品、麩之品、海產品及菌類等十餘種食材溶於一鍋，配以牛胸骨高湯吊鮮，加工時每鍋不超過三碗。既考慮營養的多方面，又以酸與辣調節錫邦菜偏甜的口味，故老少皆宜，四季常飲而不衰，對人體健康亦有裨益，特別是盛夏。時人戲謔而云：「我俚是從小吃牛肉酸辣湯長大的！」屆時，馬復興與王興記和聚豐園名列錫城三店鼎立之館。

無錫馬復興菜館老物件之三

醃製牛肉及板鴨之綠陶缸，上徑42cm、底徑30cm、高40cm

存鹽之壇

存香料之瓷蓋罐

三十斤、十五斤之秤桿
（殘件）

印章、印泥及銅盆

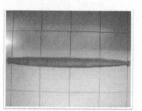

扁擔

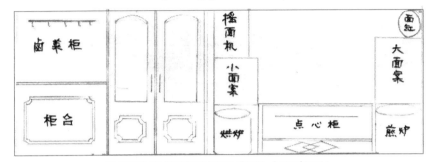

抗戰後馬復興菜館示意圖（正南面）

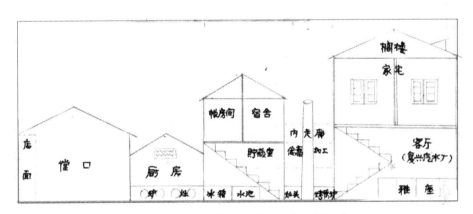

抗戰後馬復興菜館示意圖（西側面）

馬復興、王興記和聚豐園三足鼎立

七　虔誠穆民建造聖潔寺院——星階出資，忠順重操舊業

傳說太平天國「天京」傾覆後，宮內的大批金銀飾品、瓷器、玉石、銅器、字畫、雜件等工藝品、藏品都被宮中人物洗劫一空，由當時的交通運輸工具——驢子隊運出京城。其中有一驢子隊馭手頭兒姓蔣，人們直呼蔣驢子，回族人也。這隊偷偷出京幾數日，不期而遇大隊清兵逡巡而至，惶恐之中急遽命手下將驢子上的貨物卸下直拋河中，脫去號衣牽著驢兒各自分散遠去……

蔣驢子返回南京藏匿則居，待事過境遷時局平靜，這時蔣某對被拋貨物耿耿於懷，終日不思茶飯，寢食難安。未幾，蔣驢子邀人打撈了這批貨物，並化整為零運回自己的宅第，由此大大發跡。歡悅之餘為報真主天恩，許諾在京（寧）滬一帶買地建造清真寺院，在鎮江、揚州、常州、蘇州等地購地。當時的無錫地界於蘇常之間的一個小市鎮，並不起眼，回族成群要追溯至清代晚期，零星的回民從河南、安徽、山東、山西等地入居錫城，有些則從上海、南京借道輾轉進入錫地，直到一九〇〇年伊斯蘭教才傳到江蘇、浙江，當時確係少數民族，僅百十人左右，後漸擴展到數百人、上千人之眾。

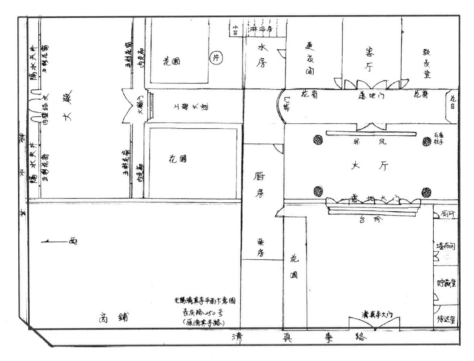

無錫老清真寺平面示意圖

　　時值蔣氏家族名聲大揚，兒孫亦隨之而榮華富貴。忽一日，一度
叱咤風雲的蔣氏之子蔣星階先生到無錫遊覽風景名勝——太湖，方見
錫城青山綠水，風景旎麗，婀娜多姿，即發願解囊興建清真寺一座，
並邀請地方上的回族中德高望重的著名人士朱玉亭、馬忠順等老表協
商籌建事宜。

　　決定購置長慶路二五〇號地塊作無錫清真寺地基，共佔地六百平
方米，並行奠基儀式，由蔣家出資，馬忠順先生全程負責設計督造，
此年是一九一七年。

　　肩負此重任對馬公來講駕輕就熟，重操舊業耳。但不可小覷，因
為建造的是清真寺——穆斯林崇拜的聖地，決不能掉以輕心，必須不
遺餘力，立寺為公。故公進行多方調查研究，並實地考察。回憶在上

海禮拜過的小桃園清真寺，因規模頗大而不宜；又想到為馬復興菜館
到鎮江聘請廚師曾分別去禮拜寺和清真寺頂禮膜拜過，前者歷史悠
久，御碑矗立，寺前的兩棵銀杏樹已古木參天，樹幹需二人抱合，故
可敬而不可親，畢竟無錫是彈丸之地，無法借鑒；然而後者卻端莊而
小巧玲瓏，幽靜可人，縱使公茅塞頓開，喜不堪言，犀利的眼光出自
建築工匠所特殊的專長。數次考察，返錫後連夜趕製草圖，唯恐遺漏
每一個細枝末節。然後親臨營造商處磋商、修改、推敲、再修改，最
終將藍圖親自送寧，務求蔣先生定局，沒想竟一次大功告成，喜，
喜，喜！由此可見由童工入世的公在建築上的基本功令人欽佩。

　　列位，不妨瀏覽一下清真寺平面示意圖，以領略建築者的創建意
圖和構思妙想：虔誠的穆斯林才能構築聖潔的清真寺的真諦。

　　整個清真寺由大殿、教務、大廳三部分組成。大殿為禮拜區；教
務區分教長室、客廳和水房；大廳為生活區，分別是大廳、傳達室、
貯藏室、塔布間和廚房等。最後定局按圖施工，馬公全程跟蹤監理督
工。於民國十年竣工，座落在清真寺路上，建築面積為三百五十七平
方米。

　　每當一年一度的開齋節或古爾邦節（又稱宰牲節）時，在祭祀儀
式前您先去清真寺禮拜，從宏偉的浮雕般的大門進入，經傳達室直奔
大廳，穿過大廳來到客廳，右側是教長室，左側是更衣室，由此便可
進入水房大淨或小淨身體，淨畢出更衣室穿越大拱門，逕上殿大道直
抵大殿禮拜。禮畢後遇餓時，可直接去廚房領份牛肉或羊肉湯，外加
幾個油香到大廳上盡興享用一番這清淡食物，無須擔心，這一切均是
免費的，全由馬復興菜館開支。

　　第二年，公由眾穆斯林推舉為第一任董事長，全面負責寺院內外
一切事務，獨自包攬伊斯蘭兩大節的費用，並狠抓商機，審時度勢把
建寺的剩餘款悉數啟用，毅然決然親自赴蘇州為無錫穆民購置房產若

干，為清真寺增值，替無錫回民後代置業奠定基礎。附上一筆以告諸君，現今二〇〇〇年在解放南路五八六號落成的新寺院，除老寺等資產外，其中五十萬之鉅就是公在蘇州置業之款，為公之業績所在，這是毋庸置疑的史實。

抗戰勝利後，白崇禧將軍視察無錫，於清真寺與回族同胞聚首，在教長室白將軍贈送罐裝龍井茶葉給在座各位，最後在大廳前與眾老表合影留念。

寺院落成，人們要問誰「畫龍點睛」留下「清真寺」的墨寶？這裏筆者補上一筆以解疑雲，據父親所述寺院門庭上的「清真寺」三個大字就出於第一任山東籍張阿訇之手，現今還站在新清真寺門口，以示紀念先輩功德耳。

老清真寺及原回民公墓遺址

老清真寺門頭　　　　　　　　水房、拱門與教長室

原回民公墓遺址
（現錫惠公園從九龍壁到噴水池）

大殿

山東張阿訇之墨寶

新清真寺外貌

八　清真寺的第一任董事長──忠信顯靈，遺腹子坐地泣

回族在全國分佈甚廣，清代入居無錫。一九一七年購得長慶路二五〇號無錫清真寺地基，於民國十年竣工，由蔣家出資，公全程無償監理，在清真寺路（後改名）落成，距馬復興菜館東去四百米之遙，它的興建為公的發展開闢了廣闊前景，可謂紫氣東來也。

翌年，就在這一年公由眾穆斯林推舉為無錫清真寺第一任董事長，直至一九五三年，全面負責寺院內外一切事務，包括寺內佈局、裝修、門頭等等，這一切對於公來講遊刃有餘。君不會忘懷吧，公自小當建築童工，上海十數座高樓大廈，包括國際飯店都有公之足跡和汗水，前面一開始就點到了。

公之理念：為教門無償辦公益善事是義不容辭，責無旁貸之事，身為董事長的公，談笑有鴻儒，往來「多」白丁。大約上世紀二〇年代初，公與縣府廖倫縣長商榷在錫山腳下開闢「回民公墓」，並獲得批准，從而解決了回民的最後歸宿問題，深受穆民擁戴。公之前妻馬蔡氏和兩個女兒全榮、克妹及四弟忠信亦葬於此。

馬永興菜館遺址（原崇安寺寺後門）

　　此處略表一事，四弟忠信如何抵錫？這裏應從公在無錫興旺發達說起。四弟獲息便攜同父親馬存福一起從河南周口老家抵錫，大哥忠魁也從上海遷至無錫，並與四弟聯手在城中崇安寺寺後門處開辦了清真馬永興菜館，寓意即「復興」後再「永興」，而立足無錫繁衍生存，其作坊在復興路復興巷中。這樣一來，城外馬復興，城中馬永興交相輝映，互通有無，成效斐然，轟動整個錫城。忠信因開張而夜以繼日的勞累，由牙齦發炎後拔除而感染了敗血症，最終回天乏力而撒手人寰，則殯葬於錫山回民公墓。後其子女五人：玉英、玉敏（二女兒送人）、玉琴、孝驥、孝群均由公為之娶親完備，盡兄弟之誼；二哥忠德因身弱謝世較早，二嫂李三姑獨居龍華，獨子孝剛亦由公負責授藝，並培養成才，一九五一年參加了海軍，這是後話了。

　　五〇年代因城市建設需要，興建錫惠公園，由建園需要用地，這塊回民公墓在徵用之列。通過公等據理力爭，多次交涉，最後請示包市長將公墓遷至青龍山──就是現在的回民公墓。為了尊重少數民族的風俗習慣，錫惠公園負責人同意在原回民公墓上不建造房舍之類建築，只造了一只噴水池，公允諾了，並獲得百姓的讚譽。

　　在建造公園和遷墓之際，還有一段鮮為人知的罕事，發人深思。含辛茹苦的四房馬楊氏帶著子女四人祭掃亡夫馬忠信之墓，是年久未上墳，還是建園拆遷？來回數次竟無法找到墳墓，此刻天公又不作美，降雨就在眼前……

　　約莫八歲光景的小兒子孝群是忠信的遺腹子，是睏倦或是疲勞，還是父親在天之靈在召喚，姑且不論。走著，走著，疲乏的孝群竟一屁股坐地不起，任憑呼叫、推拉就是紋絲未動。哭著、鬧著……此刻四人沒有辦法乾著急，突然四人八隻眼睛同時注視到小弟坐的地上，凸現一塊普通大小的石碑，碑頂上銘刻著「經文」，下方是「亡夫馬公忠信之墓」赫然在目。五人驚訝之餘同時扶起石碑，小心翼翼擦拭著、撫摩著……

　　清明雨在淅淅瀝瀝地下著，好似舉哀，人們不禁動問：是忠信顯
靈？還是遺腹子孝群被亡父之魂魄纏繞而哭泣？! 禱告主，給他們父
子生而未謀面——生死兩重天，而在這陰陽之界補上這一面，以了卻
活人在世的遺憾和痛楚。可見，天地皆有人性，真主恩澤庇祐。

家庭照及「檔案」

一九四〇年家庭照，左起：孝明、
孝基、瑞芝、作者、孝偉

一九四〇年筆者出生時的「檔案」
年月日辰、經名、乳名

一九四三年家庭照，左起：孝偉、瑞芝、作者、外公、孝明、孝基

一九三〇年九月二十四日，公續弦安徽潁上縣楊圩鄉蔣莊村楊氏之女瑞芝，生五子五女：孝偉、孝基、孝明、孝平及孝榮；全榮、克妹、寶珍、國珍及友珍。全榮、克妹因食百果過量，且不熟中毒而先後童年夭殤，闔家悲傷極度。

在發展事業的同時，馬公在百忙中關心子女的教育，是一位合格的嚴父。古人訓「養不教父之過」。忠順公遵循教義和馬氏家族之遺訓，諄諄教導孩子們——一群十三個孩子吶，乃為父之義不容辭，責無旁貸的天職。老人家雖學淺而才華，親臨「水房」手把手地教子如何大淨（沐浴）、小淨，如何禮拜，如何對穆民的待人接物之類。就連小淨腳丫子由小腳趾起挨個沖洗到大腳趾的順序都不放過，可想而知其認真的程度了。這標準許是祖宗的遺志吧。更有甚者，命四子孝先跟阿訇學習阿拉伯文和古蘭經，並學有所成，每逢週五「主麻」日均由其在大殿門前頌經……

馬公是位粗中有細，細中帶粗，俠骨柔腸之人。他對自己的子女都是一視同仁，不管前妻馬蔡氏所生的，還是瑞芝所育的，一一建立「家庭檔案」：名字、乳名、經名，出生年月日辰，都請阿訇在孩子生日作筆錄在大紅紙上，以示人丁興旺發達，後繼有人，由此告慰祖宗在天之靈。待子完婚之日作禮物贈之而自行保管，效此法為紀念，這決非趣聞軼事，乃祖上代代相傳之慣例也。有譜為憑：一九九二年筆者踏上尋祖歸族之旅，有幸在河南南頓目睹了劫後尚存的《馬氏家譜》。

回顧一九四〇年，即民國二十九年古曆五月二十七日吉時，筆者降臨人世間，排行第八，乳名八成子，經名而不讀老夯（阿卜杜拉），此乃父親隨即請張阿訇建立的「檔案」。一九四〇年和一九四三年還攝家庭照予以留存，以此作為永恆的紀念。

九　無錫最早使用水泵的井——一九一九年天一池浴室問世

　　伊斯蘭係阿拉伯文 ISlam 的音譯，原意為「順服」，指順服唯一的神安拉的旨意。中國舊稱「回教」、「清真教」、「天方教」等。七世紀初，聖人穆罕默德於阿拉伯半島創立了這一神教——伊斯蘭教，與佛教、基督教並稱世界三大宗教。

　　在華夏大地上信奉伊斯蘭教的穆斯林有十個民族：維吾爾、哈薩克、塔吉克、塔塔爾、烏孜別克、吉爾吉斯、撒拉、東鄉、保安、回等。他們有自己的飲食文化，即伊斯蘭飲食文化，因祖先為游牧民族，大凡放牧的是牛羊馬駝之類的牲口，一般食用偶蹄類的食草動物，以反雛類為主食：牛羊駝，也有個別族群食用馬肉，這跟其放牧的動物和傳統有關。

　　因宗教由，教門每天要做五次禮拜，並在禮拜前必須大淨全身或小淨四肢、臉部及下部方可上大殿，故此個人衛生在穆民中不可缺失。公從小就接受宗教的洗禮，即使在申當建築童工時，大淨全身從不間斷。由於建築行業的特殊性，勞動強度大，清潔自身完全必要，況且工頭也是穆民，因此公每晚用冷水沖洗全身，寒冬臘月也不例外。大概是公的「O」型血，造就了其鍥而不捨的精神，更也許是穆斯林性格使然，由此練就一身強健體魄，為日後的打拚提供了本錢，奠定了基礎。

　　馬復興的全盛時期資金流向何處？浴室當然是公之抱負志向的首選項目。一來，沐浴可健身，並可直接去清真寺頂禮膜拜；二來，方便職工及孩子們洗澡、理髮等個人衛生；三來，可讓職工中午在浴室休息，以利晚上挑燈夜戰精力充沛，這是餐飲業的性質所決定。

　　主意已定必雷厲風行。一九一九年在馬路對面漢昌路十二號處開

設了天一池浴室。它為四開間三造，後加大院，朝南正中門頭上有大理石刻製的陰文「天一池」三個大字。兩側分別是一對石刻楹聯，同屬陰文行書，門首高挑著用鉛絲編織的大方燈籠，長寬均為六十公分，高度為八十公分，象徵「大順」和「大發」，以圖吉利。外套防雨的黃色桐油布，上面書寫著紅色的「天一池」字樣擬作廣告，很是打眼。傍晚時分華燈初上時，內中的蠟燭點亮通照四周，光亮無比，在周邊群燈的映襯下，亦可謂流光溢彩了。

倘若您為潔身造訪天一池，即由門簾進入大門，接迎君的是特大的落地車邊著衣鏡，高二米開外，上下可仰俯九十度轉動，頂上三只葫蘆高聳，老紅木的架子上雕刻著梅、蘭、竹、菊四君子，底座是四隻老虎腳，重心忒穩。此物是公特意從姑蘇買回來的鎮店之寶。

談及天一池浴室，不得不補上一筆，以展示從建築童工白手起家的主人公厚積薄發的才華。人們通曉水和池是浴業的靈魂。天一池的水不是像別的浴室用運河之水，它是地下深井水直接由水泵打入水塔後，再由水箱分級注入偌大的蓄水池，並經老虎灶礱糠燃燒加熱注入浴池。父親親自設計的池子，與一般浴室不盡相同。它一面燒水注入；一面在池底有「火龍」，即火炕加溫、保溫，充分利用熱能，理想極了。池子採用潔白大理石圍砌成「T」字形，上頂既非平頂，亦非人字頂，唯獨特設計成拱頂，且在上穹處築成四只一米見方，六十公分高的玻璃鐵絲網天窗。大則池內擁有日照的自然光線；小則蒸汽遇冷結成小水滴，順弧線下，以減少池內的蒸汽霧狀，增加能見度。另則，浴池外有盥洗室和盆浴室，此為最早的浴缸，風行時盛。其匠心獨運可見一斑了吧。為生意由，公特啟用了從東北來錫的回民趙金庫任會計管理日常事務。他一副近乎淺黑的膚色，一對閃發智慧的眼睛，黝黑的濃眉和挺直的頭髮，薄薄的嘴唇下藏一副銀齒，超一口標準的關東話。

在此期間天一池開鑿了無錫第一口商業用自流井，並建造水塔。為此事公多次親赴滬採辦馬達、水泵、電扇等設備，列入無錫最早使用水泵的企業之一。優質甘甜的自來水供應漢昌路地區的老虎灶、醫院、茶館、商店及居民用水，改變了數百年飲用井水、河水的習俗，使無錫這座歷史文化名城又向前邁進了一大步。聽兄長們講，三〇年代敵偽時期瘟疫大流行，蒸餾水告急，患者大量急需。兄弟醫院朱蘊山、朱品山兩院長無奈之下與公商榷，建議用天一池的自來水煮沸過濾，再經消毒代用之，公為人命計，全力以赴免費供應，以解燃眉之急，取得了良好的社會效益，開創了少數民族同胞參與全社會公益事業之先河。同時附上一則，天一池的自來水自建池的第一天，都是無償供應救火會（建設路上）的用水，確保了一方之平安，贏得了極好的口碑。

十數年後，斗轉星移。天然旅社的老闆胡蘭卿先生，此人中等個兒，絡腮鬍，穿一件鐵灰色的馬褲呢大衣，款式雖不新穎，可料作算得上乘，其人為馬復興和天一池的常客。認為公襟懷坦白，仗義疏財，願意與公合作改造並擴建天一池浴室。經改建裝潢後的浴室氣派一流，領軍全市浴業。四開間兩層樓房，霓虹燈高挑，原來的頭等間、二等間和三等間分別被鳳凰廳、孔雀廳、百樂廳、經濟廳取而代之，共計八百有餘平方米，約兩百座位，且後備大院落浴巾曬晾。現在浴場中最流行的長坑就是從鳳凰廳開始，並已半個世紀了，當時時尚的程度可想而知。理髮、擦背、扦腳、捏腳、敲腿、餐飲，還有擦皮鞋和賣香菸等，應有盡有，無所不有。公為浴室風裏來，雨裏淋，勞力、勞心又勞神，已有目共睹，可上述的服務項目，自筆者記世以來，從未見其獨自享受之。浴室鼎盛時期員工達三十人之多，其中才德兼備的朱金榮，三十開外，他衣冠楚楚，遇事沉著幹練，有口才，亦有文采，頗具白領風度，在那張慣於抑制而鎮靜的臉頰上，一對亮

天一池浴室遺址及老物件

浴室遺址

座鐘

壁燈

肥皂盒和梳頭油盒

衣架

篦子

銅鞋拔

銅油燈

自來水龍頭

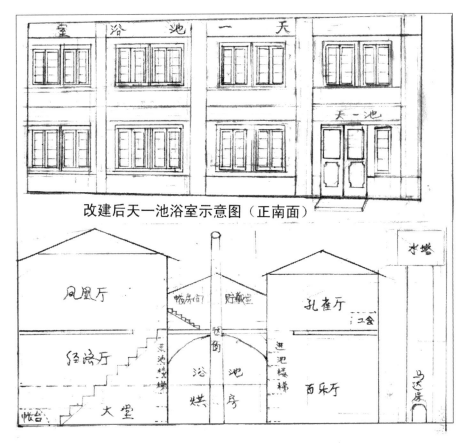

改建后天一池浴室示意图（正南面）

改建後天一池浴室示意圖（東側面）

晶晶的眼睛耀輝在劍眉之下。在以後的歲月裏，凡馬氏企業在漩渦中沉浮時，第一個出面擔當的就是金榮先生，他恪守職責，忠於馬氏企業於一生，可謂「萬兩黃金易得，知心一人難求」，故領班朱金榮倆兄弟和王元喜皆是公之左右膀，經營至五〇年代。

這裏補充交待一下公之關心於人的軼事兩則：

四十歲左右的職工阮龍寶，人稱「長腳阮」，因其個子高，自覺太高而以彎腰躬背來減低高度，白淨的膚色，見陌生人有點臉紅，不

善辭令。因一群孩子而生活窘迫。公知其境況，體恤接濟，讓其孩子都上菜工小學讀書，並建議阮妻在天一池門口開設香菸攤以貼補。

另則，由抗戰結束緊接國內戰爭，戰亂使失業人員猛增，三十歲拖兒帶女的張盤度和二十冒頭的「小黑皮」，此為渾名，他倆因失業，公主動提議在浴室門口擦皮鞋謀生，兩人受寵若驚旋接納了。在此要提及的是「小黑皮」，皮膚黝黑，中等偏矮，鼻架一副高度近視鏡，足有一千度，其胸腔發達，標準的男低音，經常曲不離口的是美國黑人歌唱家羅伯遜的《老人河》，該成名曲使之成為市工人業餘合唱團的獨唱演員，人才。由此小事之中見真情啊。

由華鈺麟老先生所編纂的地方志記載：在無錫浴業史上，各浴室全有後臺，唯獨天一池沒有後臺和靠山，該浴室的主人馬忠順，是信奉回回教的……直到一九五六年公私合營，筆者從字據偶爾瞥見，這口有歷史意義的自流井及設備當時賣價為九千九佰九十五元整，數目不菲啊！

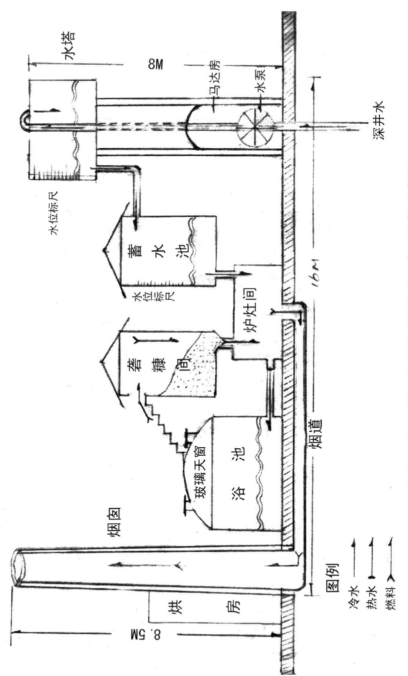

天一池浴室的水泵井和池及馬公設計的自來水冷熱示意圖

十　馬復興與榮氏的「兵船牌」——「明早夜裏陪我吃夜飯——粥！」

「談笑有鴻儒，往來『多』白丁。」公深深地知道自己經營的馬復興菜館和天一池浴室都是服務性行業，三教九流都有，故需善交賓友廣積緣，特別是穆斯林老表，真主教誨該伸手時必助之。因為幫助他們就是幫助自己，多個朋友多條路，何樂而不為呢？！這類樸實的理念，日後為公之事業發展奠定了夯實的基礎。

「酒香不怕巷子深。」馬復興與天一池在其歷史的畫卷中，曾接待過白崇禧、虞子孚、薛永輝等高級將領和首長；也接待過且共事的包厚昌、張養生以及廖倫先生等政府要員；還有馬連良、梅蘭芳、沙白、阿炳、王彬彬、趙燕俠等文化名人；及其榮德生、唐星海、陳文鑣等實業大賈；朱蘊山和朱品山兄弟、李克洛、曹堅定等院長、名醫，並互贈鐘錶、書畫、古玩等物件，權作感情投資。

在春雨貴如油的季節裏，由於旱情嚴重，數月滴雨未下，渠水涸竭，禾苗乾枯，田地龜裂可插入手指，小麥收成面臨困境，榮氏的茂新麵粉廠為首當其衝的受害者。作為麵粉行業的巨賈榮德生先生更是坐立不安，加之國外麵粉大量進口，直接衝擊了民族工商業的發展。刻下，享有棉花大王的陳才良，字文鑣，端莊的面容上，天庭飽滿，兩頰略微瘦削，鬍子剛刮過，明淨的眼睛上戴一副金絲眼鏡，手腕上套著 18K 小烏龜殼的勞力士玫瑰金錶，此刻在馬復興菜館宴請榮德生。商賈酒宴無非從生意談起，由棉花談到紡織，由機械論到麵粉，由麵粉涉及銷售等等。

榮氏兵船牌麵粉之商標

　　眼下，加拿大等國的麵粉大量湧入中國，如傾銷一般，致使榮氏的「兵船牌」麵粉大受挫折。席間，德先生翔實詢問公所用的兵船牌的日銷量及意見。當時馬復興的麵粉需求量甚大，光搖麵機的吞吐量每天二至三袋。公一一作答，並提議說：「洋麵飄洋過海比較乾，吃水多而足，兵船牌要勝過洋麵立足市場，德先生不妨採用獎勵一招。」

　　「如何？請馬老闆賜教。」德先生恭謙地問。

　　「乘洋麵尚未立足之際，德先生只要在每袋「兵船牌」麵粉中投放一枚銀角子以資獎勵，兵船牌必能起死回生，暢銷中華。」馬公獻策說。

投放在每袋麵粉中的銀角子

「何以見得？」陳才良在旁狐疑地問。

「您想，和麵師傅見每袋必有獎，焉能不喜出望外？怎不叫老闆用「兵船牌」？如此這般，還怕打不開局面？！僅此而已。」

「妙哉，多謝馬老闆不吝賜教。唉，生產商家一定要與經銷商多溝通，特別是用戶更要聯繫，這樣才能搞活市場，馬老闆我明日就通知下去，按您的高見辦。」德先生呷了最後一口茶高興地說，「看來舉步維艱的日子有翻身日了，陳文鑣，明早夜裏陪我吃夜飯。」

「一句話，奉陪。」

德先生戲謔地補上一句：「陪我吃粥！」

「？！」

「陪我吃粥！」這絕非虛言，而是實話，由此感悟做工業產業的榮商唐賈，或搞商業經營的馬公，他們的創業是何等艱辛，公亦絕不例外。不多日，德先生委託陳才良先生送上紅木扞屏一只，以示謝意。

公得禮品心中很是局促，「一句話的點子就要收禮？受之有愧乎。」理由是收受別人之禮必須還禮，可謂禮尚往來，常言道來而不往非禮也，於是乎公在馬復興宰牛坊圍牆上免費為德先生做「兵船牌」麵粉的廣告，因為廣告牌正對火車站月臺，可吸引和招徠更多的南來北往的客商賓賈，以此回報並增加彼此情感。與此同牆的還有「固本牌」肥皂和吳文虎的「飛虎牌」萬金油、「老人牌」仁丹等廣告，使過往商家都能拭目入簾，增強國內產品的競爭力。

光陰如箭，日月如梭。一九八五年，轉眼已是榮德生先生（1875-1952）誕辰一一〇週年之際，陳老文鑣先生已是九十多歲的高齡，仍不忘懷德先生之恩，正可為湧泉相報，故特命製作禮品以示紀念，為維繫老一輩的真摯情愫，筆者欣然接受了這項任務。

仲夏即到，我以泡沫作底，鎸刻大「壽」字，寬一米，高一點五米，鋪上紅絲絨，嵌上一一〇顆鮮水蜜桃，獻壽桃以示一一〇週年紀

念，略表後輩對先人的緬懷。最後由陳老先生攜太太吳美雲女士驅車將「壽」字牌送往德先生墓地，此間國家副主席榮毅仁先生亦在場，鞠躬謹表謝意。

德先生贈與馬復興的紅木扦屏

筆者與榮氏棉花大王陳文鑣夫婦在德先生銅像前留影

十一　廣勤一支路由誰而建造？──馬、吳、榮仨為建宅而築路

京滬鐵路開通後，一九一一年開闢不久的無錫火車站雖地處滬寧線中心點，仍還是一個不起眼的小火車站。緊挨站南偏西只有一爿回民經營的清真趙氏大餅油條店，店主渾名趙傻子。與其說是店，還不如說竹棚來得貼切一些，附近還有一些屈指可數的粥攤、豆漿攤、茶葉蛋攤和餛飩攤等，旅客稀少，天黑幾乎見不到人影。

起初京滬線是單軌，站內有兩條道軌，供列車交滙之用，中間設有一個簡易的月臺，方便上下旅客。距月臺西去一百米處，矗立著約有七八米高的水塔，上面裝有一個可旋轉的大龍頭，這是為蒸汽機車頭補給自來水的裝置，旁廂的路軌下還有一個1.5×10米用水泥砌的地溝，給機車卸煤渣而用。這裏是行人從通運橋下來筆直穿越鐵路到周山浜的捷徑。

話說站北，那是一塊尚未開發的處女地，略凸起的為墳塋亂崗，孤墓荒壇；凹處則遍地沼澤溝壑。車站為堵住逃票者，在與鐵路平行的北面挖成一條小溪，澤地之水注入小溪，滙成一道天然屏障。

漢昌路命名後，大樓一幢幢聳立，歌舞昇平，呈現一派繁榮景象。此刻馬復興菜館後作坊的屠宰場不能再持續多久了，因衛生計，於是父親就準備在無錫火車站正北小溪對岸購地，擬作宰牛場地，以供應店內之需。

談起廣勤一支路的來歷，現借魯迅先生的一席話：「地上本來沒有路，走的人多了也便成了路。」跨過鐵路即是周山浜，唯一一條道那就是廣勤路。穿越鐵路順手則是一條田埂小徑，遍布池塘沼澤，走人可以，行車不能，極不方便。三〇年代初，當時公與吳仲良醫生及榮家榮敬德先生聯手共同建築，先平地整地，後用黃石鋪路基，約百

十米，這就是一支路雛型。這時宰牛坊的牛可進，牛肉可出。後來由公牽頭與吳、榮兩位先生在馬復興菜館商談有關建築廣勤一支路事宜，一致認為先填平周圍溝洼後再築路，最後以二比二比一的比例共同出資築路，商討簽約後共進午餐，並在天一池浴室沐浴小憩。

　　一支路的鋪建目的是能從祝家浜碼頭將水泥、黃沙、石子、磚瓦、木材等建築材料運抵各自的房宅基地，特別是大黃石需人抬車運。隨著時間推移，無錫市旅館業公會子弟小學和勤生布廠的相繼興建，以及居民住宅的出現，廣勤一支路便拓建、延伸成了後來的規模。當時在慶豐紡織廠和繅織廠的職工都是經一支路借道達廠上班的。

　　縱觀歷史之沿革，雄雞高歌天下白。廣勤一支路六十六號房主吳仲良因涉嫌汪偽漢奸，三造房屋悉數充公，後成為周山浜派出所。公之九如堂大洋房經薛永輝首長介紹，租賃給市府包厚昌市長，成立了中共無錫市第二區委員會和無錫市第二區人民政府，一支路上頻繁的汽車來往不斷，幾經翻改，路面加寬又加高而定型。

　　續則，一九六六年的文化大革命，地富反壞右資都打入「另冊」，趕進牛棚，公及妻瑞芝亦不例外，造反派命這對工商兼地主每天掃廣勤一支路，並在大門口貼對聯：「打倒資本家 XXX，打倒地主婆 XXX」，這樣的聯子一掛，試問有誰進門？就連倒馬桶的老太也劃清了界線，再不敢上門了。與此同時，公被趕到走廊柴間屋居住，老倆口形單影隻，惶恐可憐。凌晨四至五點鐘起身打掃廣勤一支路，半夜十一至十二點鐘公親經廣勤一支路到廁所倒馬桶、夜壺。由此可見，公一生不求於人，因妻患直腸癌，又是小腳，行走不便，故一人勢單力薄地忍著、頂著。其性格到老還是那樣的倔犟，無需子女為之代勞，故而在力所能及之下，一切都以自便而自慰。公曾詼諧地對妻說：「這條路是我和吳家、榮家共同鋪了幾十年從未掃過，現在該我掃了，為公眾辦事有何不妥？真主也諄諄教導過，但可惜吾老矣，沒

有當年之勇了。」就這樣曾被人稱為「光榮爸爸」和「光榮媽媽」的
一對耄耋老人，四十年前出資修路，而今卻要拿著掃帚掃此路，正是
始料未及，落差極大。不過修路架橋總是人類永恆的大善事，亦是公
為之奮鬥一生的夙求，「天理良心」四個字是其最大的慰藉。

大鵬展翅

十二　建築童工造自己的大樓──首座中西合璧框架式房

　　辛亥革命以後，無錫的變化日新月異。新世界遊樂場、天一池浴
室、中國飯店、京滬飯店等拔地而起，高樓大廈鱗次櫛比，中東戲
院、中央戲院、金城戲院、大上海戲院，皇后電影院和南京電影院接
踵開張，如雨後春筍一般，昔日的漢昌路今非昔比，昌！昌！昌！清
真教門馬復興菜館的前店後作坊已不能再持續下去了，特別是屠宰必
移師周山浜。

為衛生由，一九三一年公為拓展業務，購地於無錫火車站正北之廣勤一支路澤地二畝，約一千二百七十七點一平方公尺，至一九三四年破土興建，一九三五年竣工，面北朝南，採用最時尚的三〇年代代表作——水泥框架結構，進口清水磚牆，美國花旗松木，中西合璧的商住兩用大洋房一幢。這是公自當建築童工以來，為實現兒時夢想而建造的，它列為無錫最早的框架式商住兩用房之一。公按伊斯蘭教旨，其建築「華而不麗，實而有惠」，「不麗」即嚴禁超越清真寺。這裏需回顧一下，公是從建築童工入世的，並有十年之久的工齡，現為自己建造自己的大樓便可想而知了。

在這一年裏，事無鉅細公都事必躬親。不敢是赤日炎炎如火燒的酷暑盛夏，頭上長癤，身上患瘡，「九一四」藥膏和「萬金油」不離身；更不顧冰凍三尺非一日之寒的三九臘月，腳生凍瘡，十指皸裂，羊骨髓和蛤蠣油隨身帶。連設計師和施工者都為之動容。公是一個硬漢，一個強漢，典型的穆斯林性格，不達目的誓不罷休。就是這樣一磚一瓦，一木一釘硬是在兩畝地上樹起了近千平方米的大宅，是何等不易啊。當時為錫城最時尚的代表作，鶴立周山浜地區。此框架式建築南面東西兩端全有界石：「馬界」；北面東西兩端的界石為；「九如堂馬界」。前造3.5×8米帶閣兩層主樓四間；2.5×8米帶閣兩層樓房一間，合計五間。樓面用「牛腿」挑出八十釐米，並設豎腳。西面一間較狹長為水泥門框石庫門形式，供汽車出入。

建築童工的夢：自造大洋樓

數十年失修的主樓

原中西合璧框架式大洋樓‧主樓

九如堂馬界石碑

數十年失修的副樓一角

原馬氏大洋房副樓‧曬臺亭子間

　　為了大宅的設計，公多次赴滬與著名營造商——當年打工的老闆，匯同高級設計師共同完成的，按造高樓大廈方案設計，此兩層帶閣其基礎至少可以造五六層樓。特點：大院落高圍牆，大曬臺高層差，主副樓有走廊，二層挑出底層，大車庫亭子間，高閣樓設天窗，山牆尖帶窗戶。主樓與副樓間為二點五米寬的樓梯間，副樓與前造主樓等寬的兩層亭子間頂上為鐵欄杆的大曬臺，足有八十平方米。最南端是園子，可從後門進出，園寬二十米，長五十米。後門設碼頭與火車站隔河相望，極為方便。大樓落成兄弟醫院送「大鵬展翅」石一座，以示慶賀。

　　主樓擬建穆斯林旅館，方便過往的穆民同胞。但是由於抗日戰爭的擴大而告停。自從香港逃難後返回無錫，為居住由，將大宅改為住宅，按哥東弟西的慣例，大房、二房、三房分住一、二、三間，並作結婚用房，第四間由舅舅楊歧鼎和舅姆居住。當時舅舅在京滬線上任鐵路警，方便了宰牛坊與滬寧等地的聯繫與銷售。四房孝先未婚，公在通惠路八號以其名字另購樓房一座，權且當作馬氏診所和馬得利鐘錶店的營業場所，這是後事了。

　　補遺一樁：孩子們的房子俱安排妥當，而公自己安居何方？！問得極好。據此老人家亦早有過打算，擬在一點六畝大園的西南角，闢一塊臨小溪處，造一幢小別墅頤養天年。然天公不作美，由於戰爭連戰爭，加之大部資金已進入皖穎買地得屋優先置辦馬復興養牛場了，故而此願未能成行。在實業家一生事業的經緯上烙下唯一憾事。嗚呼哀哉！

十三　無錫最早的宰牛坊誕生──母親不辱使命為「托拉斯」

　　一九三五年，無錫廣勤一支路六十四號的大洋樓落成，門庭若市，熱鬧非凡，祝賀的人群絡繹不絕，鞭炮聲中「清真馬復興宰牛坊」的紅底白字匾額懸掛門庭。菜館和浴室全體職工用三天的小帳錢購買「回眸麥加」的石雞，作為宰牛坊的開張賀禮。這是無錫第一家初具規模，並有「刀口」的清真牛肉供應基地。副樓的八只亭子間分別為會計室、分割室、下腳處理室、牛皮貯藏室等，還有供阿訇居住的寢室和員工宿舍，共計十人之多；後門外的一條與火車站的界河專供牛飲水、洗澡；園內除二百平方公尺的工場，還有牛棚、羊圈、洗牛皮池以及石灰池，西邊是曬牛皮場地。

宰牛坊招牌

　　抗戰後，規模擴大成立了清真馬復興宰牛公司。此時是無錫最早也是江蘇最大的清真宰牛場。主刀是李、丁兩阿訇，主管皖人楊鶴泉，他幽默風趣，逗得人合不攏嘴，寬廣的腦門上依然沒有一道褶襉，清秀的臉頰上亦無一絲皺痕。宰牛坊與無錫的陸稿薦、慎余肉莊，上海的大西洋飯店，南京的馬祥興菜館均有業務往來，可見牛肉的銷售已經從無錫擴展到省內外各地，其氣勢是空前未有的。

　　有文稿記載：清真宰牛坊建築遺存佐證了無錫作為民族工商業發

祥地的不爭史實，而共同書寫這歷史華麗篇章的工商人物除了榮唐等顯赫家族以外，還有像馬忠順這樣的回族工商業代表人士，是他們在打造歷史文化名城——無錫……

在以後的數年中，公又合股發展 A 字奶牛場，直到一九四七年公睿智獨運，在安徽省潁上縣先後置地累計四百五十畝，把養殖業、屠宰業、加工業以及乳業連成一體，首先組成跨省的伊斯蘭飲食文化的「托拉斯」，這是馬公風華正茂的創業頂峰。公識字不多，可其智慧超乎常人，令人折服的超前，也許是真主所賜。公分別以老五孝偉、老六孝基、老七孝明、老八孝平的名下各置一百畝地，剩下的五十畝落在舅舅名下，因為這些田地都是他負責購置的，以此補償，合計四百五十畝地擬作安徽馬復興養牛牧場。

馬復興宰牛坊及老物件

馬宅副樓·馬復興宰牛坊辦公樓

雞血石印章

帳冊櫥

辦公用具

座鐘

湯瓶壺

牛舍

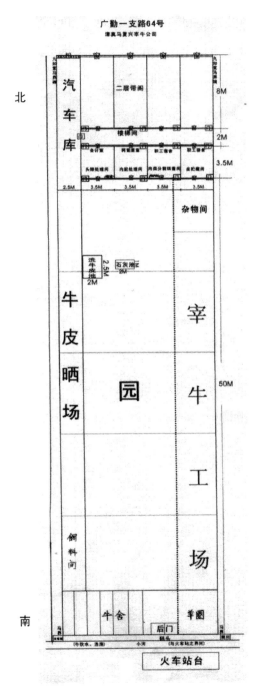

廣勤一支路六十四號，馬氏大宅主副樓及宰牛坊平面圖

　　為時筆者乃一介幼童，母親為實現父親的理想和抱負，曾多次屢下潁上。為杜絕坑矇拐騙此類事件的發生，母親把成紮的鈔票排列整齊地縫在我的駱駝絨背心裏，鼓鼓囊囊地，外套一件紫紅緞面的夾長袍，戴著一副兒童眼鏡，小手上還套著一隻小金戒指，這是我第一次出遠門省親見舅公舅婆和舅舅舅媽。從無錫乘火車到蚌埠已是傍晚時分，正遇日軍飛機扔炸彈，警報迭起，人們惶恐至極而拼命逃竄。母親一手拎著包裹，一手揪住我的小手衝出站臺。一個「揪」字寫出慈母之心──我的生命和我背著的財產：幾百畝地的資產。等我長大捫心自問：「我一輩子沒賺過、也沒見過這麼多錢，可我從小就背過這天文數字的鈔票啊，我曾自嘲過自己。」

　　母子倆悻悻然好不容易地擠上去潁上縣的小貨輪，換上水路。你想小貨輪上擁擠的程度，筆者只能用無法插足的地步來描述實不為過。警報解除了，但我的氣卻透不過來了，幾乎要暈倒，慢慢地躺了下去，在母親的腳下，突然間，我感到一陣新鮮空氣襲面而來，驟然清醒了許多，感到母親座位下是個好地方，既安全，又無喧鬧。這個謎直到後來進了學校，我才知道下面的空氣比上面的要清淨。

　　由此可鑒，母親為夫君的事業，為兒子們的未來而不辱使命。此行是何等不易啊，須知她是一個小腳女人，從農村中走出來的。她是一個典型的忍辱負重的穆斯林女性，馬氏家族的「聚寶盆」。

　　母親曾任歷屆無錫市婦女聯合會代表，直至文化大革命告停。

　　公三十春秋之夢終於實現，此大手筆在無錫穆斯林中為前無古人，今無來者，就是在無錫商界也是獨領風騷，乃馬氏家業之巔峰，紅極一時，享譽豫滬蘇皖，馳名京（寧）滬一線，冠以無錫伊斯蘭飲食文化之開拓者，少數民族工商業之先驅──一代實業家，不為過吧。

馬氏家族的「聚寶盆」——楊瑞芝（1909.11.4-1978.5.25）
四十歲、六十歲留影

楊瑞芝遺物：WALTHAM（美・華爾生）坤錶及盒

十四　阿炳是馬復興菜館常客——董彩娣攙扶坐上「0」號臺

　　華燈初上時分絢麗耀眼，遠處飄來悠揚的二胡獨奏《二泉映月》，尋聲而去，樂曲來自崇安寺 J 字牌德國大自鳴鐘鐘樓東南的矮小平房中，房主便是雙目失明的流浪藝人阿炳——胡彥鈞。

　　阿炳江蘇無錫人也，生於清光緒十九年（1893.7），生肖屬馬，迄至一九五〇年十二月，卒於圖書館路二十四號內，殯葬惠泉山腳下黃公澗旁。

阿炳——華彥鈞（1893.7-1950.12）

　　阿拉伯諺語：幼童之師如舵手。阿炳童年隨父華清和道家在崇安寺雷尊殿出家當小道士，此刻就開始受音樂薰陶。父親是無錫道教界公認的技藝傑出的音樂人才，在其指導培養下，阿炳憑著對道教的信奉和虔誠，故對道教音樂無比熱愛到痴迷的程度。他苦心孤詣地冬練「三九」，夏練「三伏」，從而打下了堅實的基礎。到了青年時，阿炳的音樂才華突現，為遠近聞名的「小樂師」。三十而立之年，他的音

樂才華已達到爐火純青之境，並博採眾長，在二胡、琵琶等弦樂器的演奏上獨樹一幟，形成自己的風格。然而中年因雙目失明而飽嘗人間的艱辛和坎坷，體味苦難人生的悲哀。基於此在探索中創作了《二泉映月》永恆的旋律，被全球公推為世界著名民族音樂家。

在沉淪的日子裏，他備受煎熬，極度悲傷之虞，一位善良的寡婦大姐董彩娣（1888-1951）走進了阿炳的生活，成了相依為命的伴侶：阿炳的眼睛——領路之人，陪伴走完了人生。

卷首提及，阿炳拉著二胡在董大姐用一米長的竹杆引領下，從城中心公花園的南大門進，轉過白水蕩來到同庚廳茶室，聽取茶客們的無錫新聞和陳年軼事作為自己拉場子的開場白——說新聞，道新聞的資料，爾後由東邊的側門出，經盛巷至光復門，在城門口擺一場子演奏數曲；再由光復路轉入漢昌路設第二個場子，地處馬復興對面，天一池東隔壁——愛米公司門口的紅白磨凡石地。借路燈和浴室燈光擺開場子。開場前即用二胡拉出模擬人在喊話的聲音：「小弟弟，小妹妹，不要吵，不要鬧，往後退，幫幫忙……」琴聲中有滑音，有共振，如出人口一般，與口技可媲美。這琴中的聲音到現在還縈繞我耳際。試想當時的小弟弟、小妹妹們，現已步入古稀之年，筆者就是其中一員。正可謂「朝花夕拾」回味無窮……

半圓形的場子拉開，道過新聞演奏開始，數曲過後，小人們拍手叫好，老伴托盤求助，大人們紛紛慷慨解囊……謝聲中，深沉而扣人心弦的《二泉映月》成了終了曲。

散場後董彩娣顧憐地牽著阿炳過馬路來到馬復興菜館，進門第一句話稱呼父親「三老闆」（編者注：大老闆是馬永興的忠魁大伯；四老闆是忠信叔），寒暄後坐上老位子——帳臺旁的「0」號臺，取「靈」之意，以圖吉利。它是馬復興特有的，專為外地來求助的穆斯林和殘障人士的專席，以示行善施捨之心。公對於求助穆民即待以茶食，款以沐浴，後令職工買車票送上火車方告停息。

阿炳是馬復興的常客，落座後不用其開口，堂倌隨即端上牛肉鍋貼兩客，附上酸醋、辣花兩碟調料。無需數分鐘兩碗熱氣騰騰的牛肉酸辣湯——無錫第一家，上桌待品。據江立成大師傅講述，阿炳喜愛吃乾切牛肉和烤鴨，偶而也帶一些回家作下酒菜。有時開場早，夫妻倆的早點便是兩客牛肉包子和牛肉線粉湯，因眼睛關係，用餐時妻子尤為關懷備至。當阿炳去天一池洗浴時，彩娣在帳臺旁等，由矮胖子揚州人劉阿三領進經濟廳進浴池為阿炳洗頭、擦背，直到洗汰結束送至門口交於其妻。被時人稱為「馬路上」的老少婦孺沒有不知曉民間藝人阿炳的。偶爾在勝利門拉場子，他倆也會沿中山路至馬永興菜館就餐。

敵偽時期，家住城中的阿炳因謀生而錯過時辰關在城外，一般人只能自認晦氣在城外借宿一夜，待明日一早再進城，但阿炳可破例通融，法外施恩。夜十點已過城門早關，阿炳利用琴聲打動日本兵，隨即開門放行。

春雷震天地，一九四九年四月二十三日無錫市人民政府建立後，據傳陸稿荐肉莊老闆之親戚王祖榮原天津音樂院教師，師從楊蔭瀏先生。當時科研項目：發掘並拯救民族音樂為課題，經王先生推薦無錫民間藝人阿炳時，與楊教授兩人隨即帶上錄音機（紙帶）抵錫，直奔圖書館路二十四號華宅。一眼望去家徒四壁，惟只能用「清貧」和「潦倒」來形容，全部家當為一床、一櫥、一桌、四條凳。屆時阿炳因病而臥床，當說明來意時，阿炳興奮不已，即起床取下掛在牆上的胡琴，校音後開錄二胡獨奏曲《二泉映月》。錄製結束回放時，他聞音而喜不堪言，雙手撫摸著錄音機，良久，良久，才脫口而說：「居然還有這樣的好東西。好，好，好！」邊說邊翹起大拇指，大師的眼淚流淌下來……這是真正的終了曲，彌足珍貴啊！因為兩月後再來錄製琵琶曲時，大師已病入膏肓，唉——

皓月當空照天際，二泉池中映明月。

瞧！阿炳大師在彩娣的攙扶下，從小巷深處走來，落下長長的倩影……

聽！│0·　6 5643│2-2·　31 12│3·　5656561│53……這曲血淚交融的《二泉映月》樂曲响徹無錫城的夜空，傳遍中國，傳遍亞洲，傳遍歐洲、美洲、非洲、澳洲，傳遍整個世界。

十五　日機轟炸大宅安然無恙──一年多半個中國的逃難

筆行至此，作者添上一筆以饗讀者。《古蘭經》第九十四章第五至八節：「與艱難相伴的，確是容易，與艱難相伴的，確是容易，當你的事務完畢時，你應當勤勞，你應當向你的主懇求。」公按經文所示而作，其想到自己能有今日之發跡全由真主安排，聖訓指津，祖宗庇祐，並得益於上海建築工地上的穆斯林工頭白老表，「滴水之恩必湧泉相報。」現當上老闆理當回報他人才是做人之道，此道將伴隨公走完人生：「為穆斯林事業而奮鬥終生！」

隨著時間的流逝，歷史的變遷，時代的更迭，經緯的交錯，凡到無錫或路經無錫的拮据或落魄的穆民，不敢姓氏民族，不論男女老幼，只要是信奉伊斯蘭的，公以「金錢如糞土，人面值千金」的樸實理念和真主的諄諄教誨「千里穆民是一家」的訓導，待以茶食，款以盤纏。願留者則安以工作，為眾所周知。得益於公的外地穆民其子女後人還常念叨「馬復興了不起」，卻公之大名優素福·馬忠順倒不為人知曉了。現我市外來回民之前輩有些就是在馬復興的資助下立足無錫，並立業成家繁衍生息後代的大有人在。其中馬復興宰牛坊主管楊鶴泉，天一池浴室會計趙金庫，還有楊寶豐、楊文林父子，以及在馬復興菜館學徒的滿文治、楊壽康等等都感恩戴德，類似例子不勝枚舉。歸根到底就是一句話：「不是親人勝似親人！」

公從小水潦剝奪了學習的權利，其行事不求聞達，是個散淡的人。一心只為穆斯林辦事，從不計報酬，不求回報，好似從娘肚子裏已得到真主的先知先覺，為自己造菜館、浴室、大宅都理當全力以赴，就是造清真寺、菜工小學等也義不容辭，因為建築是公之十多年來的「看家本領」，何況對其來講是舉手之勞，不用之猶盡對不起社稷。同時在飲食美味上造詣頗深，是一等一的行家裏手。公從開創馬復興，到開辦天一池，再到開設宰牛坊、奶牛場，一路闖關而來，屢做屢成，屢成屢興，屢興屢順，令行家刮目相待。君不問公之無往而不勝的原由嗎？如果需要其會自豪地笑而答道：「是親朋好友、同仁員工的相助和真主、聖人的恩澤庇祐。」

人丁興旺的當刻，一九三七年抗日戰爭爆發，在這攸關家屬生死、市回民存亡之際，公先安排老表們的疏散去處，然後無目的地攜家拖口十餘人，經安徽廣德西去正陽、壽縣、潁上，並拜訪岳丈家，以示孝心；後又從界首入豫，經太和、沈丘、項城、周口老家省親，特奔赴南頓探祖，以表忠心；不日經漢口直抵廣州、香港。在港清真寺稍作休整數月，擬準備在香港、廣州投資發展，但由於港、穗地區

廣州懷聖寺內的光塔，又名光塔寺

泉州聖友寺，又稱清淨寺或麒麟寺

氣候炎熱，食品極易變質，不宜搞餐飲業。後由港返穗前往光塔寺禮拜，然後北上折回泉州。泉州為馬鄭和航海的出海口，又有穆斯林先輩落葬於此，氣候亦宜人，可由於海洋性氣候，市人皮膚黝黑，恐影響下一代的外表，故亦作罷。後率全家造訪聖友寺，接著轉杭州鳳凰寺，直抵上海再次回拜小桃園清真寺。一路上的多災磨難尚且不論，就所見的殘垣斷壁，慘象環生怎不觸動從建築童工開局的公之心腑：數年建築的大廈一夜就夷為平地，好不痛心。無錫又是怎樣呢？其忐忑不安，多麼想插翅飛回無錫。

在滬期間唯最幸會之事，便是老朋友、老鄰舍、老客戶、老表們談笑風生額首相慶，都希望公回上海灘重整雄風，公一一婉言謝絕。因為無錫的親朋好友在等他，無錫的員工在等他，無錫的事業在等他……

歷經一載有餘的半個中國的逃難歷程方返無錫，滿目瘡痍的戰後慘象令人心寒。漢昌路的馬復興三間大房已不復存在，但不幸中有大幸，天一池還好，廣勤一支路六十四號青磚黛瓦大宅，除室內儲藏的建材與裝潢材料和八張櫸樹床框，四大四小均被洗劫一空外，其大宅外形連同圍牆竟奇蹟般地毫髮無損，安然無恙。可就在咫尺之遙的火車站月臺和鋼軌都有不同程度的毀壞。大宅無損究其原因：一則基礎特好；二則鋼筋水泥框架結構——三〇年代的代表作。這是公從上海建造大廈時所學業有成之故，感謝東家——上海著名營造商和高級設計師的精粹極作。

為什麼要提及八張床框呢？這裏權且略表一席。因為此床框為開辦穆斯林旅館所備用的，公擬將宰牛坊的生牛皮開成長條，用其取代棕櫚繩，一來製作簡便；二來就地取材，物盡其用。待牛皮收乾，此床棚將是萬古千年的了，真是人壞貨不壞。由此可見公之匠心獨運之處再一次略見一斑而無虞，惜乎！美事未能如願以償也。

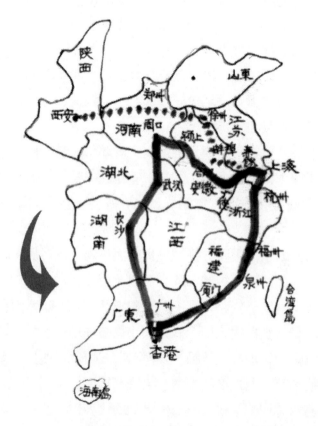

馬公抗日戰爭逃難路線和私人考察路線示意圖

十六 身份的標誌，財產的佐證——一塊鐫刻M·S−L 的手錶

鐫刻 M·S−L 的歐米茄星座錶

在公收藏的世界各類名錶範疇中，唯星座歐米茄為其出手不凡的精品，也是其收藏的第一塊好錶。它外貌不揚，而氣質昂然。呈現在列位眼前的是一塊二十四鑽長三針半自動男錶，金圈耳、粉面、金針、金凸字，玻璃錶蓋中心的內壁上，小小的Ω標記若隱若現，與原裝錶帶上的商標相互輝映。不銹鋼的撬蓋中央鑲嵌著金色的天文觀察臺，就在臺身上鐫刻著「&」記號，很不起眼，需借助於放大鏡才能捕捉住是 MSL 三個字母的縮寫。顯然，這是主人後添的，就是這三個字母帶來了往事的回憶……

祖父馬存福是個估衣行商人，一個虔誠的伊斯蘭教徒。公繼承祖輩的衣缽，遷徙上海重鎮，從童工到駕駛員，由棄工到經商，直到立業成家發跡興旺。他對古玩字畫的興趣並不太濃，可對鐘錶卻情有獨

鐘。也許是電車的機械傳動使他產生靈感，用他的口頭禪：「古玩雖好，只有藝術性，而鐘錶則集藝術、科學、實用和收藏於一體，其樂無窮，樂在「動」中。」就一個「動」字，這是所有古玩望塵興歎無可比擬的。鑒於實用性，公愛錶勝於鐘。在勞力士、國際、歐米茄、浪琴、西馬、依特那、積家、摩凡度、天梭、刁度、萬國、阿立斯那庭等世界十二大名錶中，尤愛歐米茄。

兵荒馬亂，歲月悠悠。祖父世襲的偌大家產毀於洪水，留給兒孫的唯一遺產便是一塊黑面14K 玫瑰金的歐米茄明懷錶。其薄如錢幣，堪稱「洋錢錶」。Ω形的錶環上繫著一條細細的金鍊，煞是好看。記得父親常用麂皮擦拭，殼面竟可鑒人。公對這份僅有的家珍愛惜如命，即使在孩子們嗷嗷待哺，且手頭拮据時，亦捨不得變賣典當。

回歸故里已是春暖花開的時節了。但擺在眼前的卻是斷垣殘壁，傷痕累累的家園，滿目凄楚，好不叫人傷感。收拾了離亂的慘景，為生意由，父親第一件事就是親赴上海亨達利鐘錶行買了那塊卷首所述的歐米茄手錶，並在其金底蓋上親手刻上「ॐ」記號，以示慶賀，並表示對新手錶的喜悅之情，時尚之心，復興之本。

「禍不單行，福無雙至」乃千古遺訓。復興後不足半載光景，五子孝偉被歹徒綁票，聲稱要在四十八小時內攜帶八佰大洋贖「票」，逾期撕「票」。無奈，四處籌措了錢款，為不驚動當局，特把白花花的銀元包入饅頭之中，頂著刺骨的寒風，踏著過膝的積雪，親自押送到匪巢。人款交割完畢，在抱拳作揖告別的一眨那，新錶璀璨的金光驚動了四座。歹徒們勒索成性，貪得無厭，頓生邪念，本能地刀逼槍頂，迫使父親勒下了嶄新的星座歐米茄。

這塊 OMEGA 星座錶，全包的金圈耳外殼，工藝卓越超群，無可挑剔；機芯全玫瑰色鍍金，紅寶石鑽鑲托，其精湛造詣無與倫比；二十四小時的正負誤差僅在數秒之內，完全可同 Patek Philippe 和

Vacheron ＆ Constantin 相媲美；設計者匠心獨運，在潔白無瑕的粉面上配製上三枚金針，與金凸字相得益彰，務求錶盤的和諧統一，其苦心不難理解。何況該錶是經過英國格林威治天文臺校對的世界一流名錶，那 K 金的 Ω 商標和金☆標記就足以代表昂貴的身份。一旦擁有，別無他求。難怪國際友人稱之為「身份的標誌，財產的佐證」。父親對這賞心悅目的名錶更是愛不釋手，可是……

每每夜深人靜，萬籟俱寂之時，公總好像聽到房頂上傳來的竊竊私語聲。極近的，又似極遠的；極微的，又似極輕的，縈繞在腦際：「孩子回來了，歐米茄也會回來的……也會回來的……」是穆罕默德的仁慈？是耶穌基督的保佑？還是釋迦牟尼的慈悲？！

惜乎！試問這塊錶的下落如何？自淪於歹徒之手後，因分贓不均販於他人，後又落入孟賊小偷之囊，最後展現在賭場的方城之中。「流離顛沛」的生涯焉不令人悲歎？！須知，這些草根刁民豈是玩錶主顧？！

事過境遷，轉眼已十六春秋。正值公誕辰六十大壽之夜，他老人家輾轉反側，從睡夢中又彷彿聽到了「孩子回來了，歐米茄也會回來了……」其音不絕於耳，久久迴旋於房樑。

翌日拂曉，父親趕上頭班火車隻身赴滬，喜出望外地從祥生舊貨商店中找回了這塊失去十多年之久的星座歐米茄。完璧歸趙，縱使老淚縱橫。那由他親手鐫刻的「ﷺ」記號，即英文穆斯林（Muslim）的縮寫，雖歷經磨難，仍依稀可見。歲月風霜倒也為星座錶平添了幾分古雅之氣。走時的準確，仍不減當年，那「噹噹噹……」有力而均勻的走聲，宛如時代的脈搏，公正無私地運行、跳動……

呵——鐫刻著 M·S－L 的星座歐米茄手錶又回來了。

十七　縱分三六九，橫生敵我友──得道者多助，失道　　者寡助

　　常言道「人怕出名，豬怕壯。」回首一九三五年公的全盛時期，用公之言：「財運來時推都推不開啊，到現在我終於明白『厚德載物』的含意。」可戰爭帶來了不幸，待守在陰暗倚角旮旯裏的地痞流氓、烏龜賊強盜，加上明處的鬼子、漢奸、偽軍，弄得國不成國，家不成家。那些亂人賊子經常胡作非為，他們搗亂、尋釁、找岔，吃東西不付錢還要摻臺子，最後發展到綁票老五到馬山……是可忍孰不可忍。列位，須知在成功道路上的人縱分三六九，橫生敵我友，此為常識也，可公仗義疏財而忽略了。

　　一日傍晚，一小撮狐群狗黨之徒，假借什麼「忠義救國軍」之名來店就餐。約莫兩個時辰的狼吞虎嚥，猜拳罰酒，待酒足飯飽時，筵席整整點了一圓桌菜餚，臨了取出兩張大面值的假幣結帳。這正是來者不善，善者不來，其目的昭然若揭。堂倌細細查驗後提出請換兩張，卻不由分說地挨了一個巴掌，此人雅號薛矮子，半裸身子，外貌並不打眼，可臉上的大瓣麻坑倒是很顯眼，掩蓋了滿臉的橫肉，腰間插著手槍：「他媽的，難道是假的！」正是此地無銀三百兩。這時公進貨回店便上前勸說：「客倌，今日不便下次帶來。」這夥烏合之徒包藏司馬昭之心，借人多為王，兇狠暴戾，早把台子摻了，並取出手槍對准公。面對尋釁鬧事者，公把錢退還說：「今天我請客，請包涵。」

　　舉槍要挾者說：「甭假惺惺了，是假幣也得收，而且還要找錢！老子們從不吃白食！！」

　　這正是馬橫有韁繩，人橫無道理。

　　公手攥兩張鈔票還他不要，請客不成，此時血氣方剛的他憤懣之

怨氣積聚到極限，又想到曾被綁票的孩子和勒去的手錶，一樁樁，一件件霉氣之事都輪到自己的頭上……

「咔嚓」子彈上膛聲：「看誰的東西厲害！它從不吃素的，也不長眼睛。」薛矮子要挾著，挑逗著，尋釁著。

英雄氣短，說時遲，那時快。公一個疾步竄到砧板處，見戳在砧板上的斬鴨刀猛力飛起一腳。這一腳，就是這一腳便是凶多吉少了，不，是全凶而無吉。

您想，公從建築童工起，唯一的「玩具」就是踢工地上取之不盡，用之不竭的沙中貝殼和鵝卵石，直到青少年也不離腳，把它們當毽子踢，並在公眾面前表演比賽過，贏得工友們的滿堂采：「馬三好樣的！」其腳上工夫可了得，「毽子」隨腳而動，可到達身體的任何一個部位，到腳面，到膝蓋，到太陽穴、到前額、到肩頭、到印堂……得心應「腳」，一踢便是成百上千，即便六十甲子時也不減當年。

令人髮指的當即，這一腳過去未中那手槍，斬刀卻落在那薛矮子的手臂上，震落了那剝殼槍，血流如注，引起群毆。最後因店主過失而深陷囹圄，這是對公名聲的玷污，使全家和全體員工忐忑不安，友人們義憤填膺。此事一時傳到上海、蘇州，直達南頓祖籍，老表們、族人們為之動容，卻無可奈何。最後房東唐瑛大律師包攬詞頌和薛溟生、朱金榮等人的斡旋下，月餘從鐵窗中走出。在牢獄之災中，每日五次的禮拜從不間斷，故而精神並不頹唐。唯一可留作紀念的是一條褥子，經歷數百次的跪拜，中間的棉絮已不復存在，形成了三個窟窿，睹物思情，情更切。鑒於這位具備鴻鵠之志的年輕人抱負在何處？前途於何方？怎不叫人潸然淚下。就在出獄前夜公毅然決然點燃棉絮，並烙下誓言：破絮對天燒，還我明朝。

這一腳使公完全清醒沒有「背景」之苦，古人云：「苛政猛於虎也！」故公堅定地把三個孩子送到部隊，這自然是後話了。

雖世態炎涼，世風直下，然公返回店中的步伐更堅定了。可見「歲寒知松柏，患難見真情」。員工們大操大辦了八桌酒水——全牛羊宴。一則感恩真主相助；二則為公壓驚；三則答謝友人；四則為仲子孝杰，叔子孝春分別去兄弟醫院學醫和去亨達利鐘錶店學徒，宴請師傅的拜師會，觥籌交錯，場面好不熱鬧，兄弟醫院朱氏院長，大律師唐瑛等都到場。

世上畢竟好人多，此一鬧倒是壞事變好，古人曰：「塞翁失馬焉知非福。」從此再也沒有吃白食摻臺子、使假幣敲竹槓的無賴佞人了。正可謂得道者多助，失道者寡助也。從此以後公更堅信真主上蒼之法力，其從一個虔誠的穆斯林走上了虔敬的伊斯蘭教徒之道。故此事業越發不可收拾，直抵極致，尤其是公益事業的投入，這是用鮮血和淚水鑴刻出來的道路……

十八　無錫第一瓶牛奶：Ａ字牌——開天闢地的奶牛場呈現

人們常勸言：千萬別和醫生打交道。然而公卻反其道而行之，對兄弟醫院朱蘊山、朱品山兩院長卻親如手足，情同兄弟，勝於穆斯林同胞，新鮮出奇！大概是前世修來的緣分吧。

回顧二〇年代，一對從山東醫學院畢業的親兄弟帶著自信和豪氣來錫創業，擬籌建醫院為勞苦民眾服務的志向，一下火車便直奔清真教門馬復興菜館就餐。這裏表明他倆不是伊斯蘭老表，是信奉耶穌的基督徒。適逢公正在店內勞碌，兄弟倆自報山門，高個子為長兄朱蘊山，他是超手術刀的強者，張弛有度，體型較高，兩肩略闊，戴一副銀絲眼鏡，身著上下舒適而時髦的衣裝，一望而知像位知識淵博的學者；絡腮鬍的為胞弟朱品山，在長臉中軸線兩側，深邃的灰黑瞳仁內

含一種冷靜而有所思慮的神色，他是小兒科的大夫。他倆第一眼見公不約而同地想：好似相逢曾相識過，魁梧的身軀，平易近人，深涵內藏著一種莫名的俠義豁達感，其氣質深不可測；而公一見對方是斷文識字知書達禮的文化人，很是敬仰，又超北方口音，鄉音及近鄉音使三人很快溝通、熟悉，彼此都有相見恨晚之感，許是前世穆罕默德和耶穌基督的安排罷。不錯，斯為莫逆之交的起勢，珠聯璧合的典範。

一來二去沒多久，經公周旋兄弟醫院就在馬復興遙之百米的光復路上開業了，並快速發展，君記否？前文所及三〇年代的天一池深井水扼制了當時流行性痢疾，兄弟醫院建功立業贏得了極好的口碑，儼然兩家更親近了，後來院長兄弟主動收公之次子孝杰為徒學醫。一九三五年公的廣勤一支路六十四號大宅落成，蘊山兄弟親送「大鵬展翅」擺件一尊，喜圖宰牛坊之吉。幾乎與此同時，兄弟倆效法公於周山浜買下地皮，建立兄弟醫院住院部（現今的崇安醫院），又近在百米之內。以後凡馬氏家屬、職工的生老病殘盡有院部負責處理，醫院的餐飲需要均由馬復興提供，可想關係已非同一般。

俗話說「道不同不相為謀」，然這裏不可取。感情可以作為媒介，讓人走到一塊兒。感情的深化提升必然自有結果。君不見無錫的第一瓶 A 字牌鮮牛奶就是從老兄弟仨共同創建出來的。

一九四〇年之前，住院部人員每天均需從馬復興宰牛坊取回許多牛肉、牛骨等，以增加患者營養。當公教示如何用牛胸骨吊高湯，來增強肺結核病人的抵抗力，又補充大量的鈣，促使肺部鈣化，不失為兩全其美之法，此為馬氏秘方也。列位務請注意，肺結核俗稱癆病，為當時最可怕的疾病，幾乎是談癆而色變。

基於此，公替患者生命著想，突發萌生建奶牛場主意，這也許是穆斯林的一種返祖現象——游牧生活，並貿然建議，兩位先生立即附議，為病人補充營養豈不是雪中送炭？！故三人一拍即合，設三股，

A 字奶牛場的荷蘭奶牛

每人一股。選址東北塘村俞闕巷上，奶牛品種為黑白色的荷蘭優良奶牛十頭，用工五至六人，為無錫開天闢地的奶牛場，立名無錫 A（愛）字奶牛場，生產 A 字牌鮮牛奶，其愛心，關心病人之心昭然於目。

說幹就幹，力爭朝夕之急。一無合同，二無簽約，全憑口頭協議，不做文字遊戲，三人攜手擰成一股繩共曰：「君子坦蕩蕩，無需簽協議，若簽訂協議合同倒是見外了。」三位兄弟就這樣抱著贏，共贏；輸，同輸的不變信念。難怪他們仨會走到一起來，為社會公益事業同擔風險，共創財富而恪守諾言。

公帶著這樣的理想和信念，曾多次派員到南京衛崗奶牛場取經、談判，尋求幫助共同發展，故在短時間內便能上馬出品。

公負責奶牛場生產，蘊山負責消毒裝瓶，品山負責配供。分工明確，一月之內首批三頭奶牛由寧進場，「別看它黑色的牛，卻有白色的乳。」沒多久，無錫第一瓶 A 字牌鮮牛奶宣告誕生，每玻璃瓶半磅裝。首先滿足兄弟醫院病人、嬰幼兒、醫生、護士們以及本市穆斯林同胞飲用，餘者推向市場，惠及無錫市民。良好的口碑，為無錫歷史上無飲用牛奶的習慣填補了空白，開啟了乳品市場之先河。A 字奶牛場生產的 A 字牌鮮牛奶，是伊斯蘭教和基督教在無錫首度合作成功的典範，永載史冊。它讓「愛」充滿無錫，充滿人間。尤其是戰爭的瘡傷，生靈塗炭，百廢待興的時機，人們熱切地企望和平、生命和

愛，凡此林林總總，Ａ字牌鮮牛奶的誕生，慰撫人們痛苦的心靈，Ａ字牌鮮牛奶的問世，關注著對生命的熱愛，Ａ字牌鮮牛奶的呈現，強健我中華民族的體魄。

「讓『東亞病夫』見鬼去吧！」公如是說，亦是如此做。

大凡穆斯林對牛有特殊感情，這是千百年來遺傳下來的，不管是奶牛、肉牛和役牛。Ａ字奶牛場只是試點，為以後的四百五十畝田的養牛場，包括奶牛品種的培養等，使養殖、屠宰、加工、產奶一條龍生產，奶牛場只是初試牛耳也。

筆者值逢一九四○年出世，降臨人間是用人乳加克寧（CORNING）奶粉哺育的，不多日就喝到了自己父親奶牛場產的鮮牛奶，是不摻水的鮮牛奶──無錫Ａ字牌，為時飲奶的美國白色鋼化玻璃杯還尚存，以資紀念。

續則，前輩至交，後人續接。筆者年幼羸弱，弱不禁風，全仗蘊山院長之媳馬小姐就診，好似兄弟醫院為我而開，我這個人喜歡服藥，不願打針，究其由怕疼。有一次，急性扁桃腺炎症疼痛厲害，非打針不可，馬小姐等捉住我便戳，結果我拼命掙扎抗爭則針頭斷在臀部，留作了永恆的「紀念」，這是我成人後才發現的，但我還是感激涕零，這絕非違心之言。

二十年眨眼雲過，朱院長之孫女，即馬小姐之女朱以明在我班上，許是真主特意安排給我回報機會，我禱告主。

一九四○年飲奶用的美國白色鋼化玻璃杯

十九　金錶換銀錶，完璧又歸趙——康司坦汀，為東方林森，一九二一

　　華盛頓消息：第一顆原子彈於八月六日在日本廣島爆炸，毀壞了該城極大部分，炸死了大約八萬人，占其居民總數的四分之一。今日第二顆原子彈又落在長崎。

　　廣島投下原子彈的消息，是杜魯門總統從出席波茨坦會議乘船歸國途中獲悉的，其曰：「這是歷史上最大的事件。」

　　一九四五年八月十五日，這是整個中華民族難忘的日子。

　　此時此刻泱泱中華大國上下爆竹聲聲，鑼鼓喧天，馬路上散滿五彩繽紛的花紙屑。太陽旗終於落地任人流踩踏，青天白日旗又懸掛門庭，隨風招展。文人們彈冠相慶，商賈們焚燒日貨，學生們張貼標語，市民們舉杯高歌……八年的亡國奴終於揚眉吐氣了。「《號外》要哦！《號外》要哦！」報童們喊賣聲迭迭不休，「東洋人正式投降了，汪偽政府徹底滅亡了，同胞們，我們贏得了八年抗戰的最後勝利。」

　　在這普天同慶的日子裏，白崇禧將軍視察無錫，於清真寺與回族同胞聚首，共同相慶勝利的喜悅，「色倆目、色倆目」響徹雲霄，直抒胸臆，穆斯林同胞們從四面八方匯集到清真寺，散乜貼，送麵粉，捐豆油……馬永興菜館的老闆馬忠魁包攬了油和麵粉做油香，公從奶牛場宰了一條小公牛切肉熬湯。到場的有董事馬忠魁、劉吉順、陶子江、楊鶴泉，回民趙金庫、張乾臣、馬孝臣等，以及教長張阿訇，公之伯子、仲子、叔子、季子以及馬復興菜館及分店和馬永興菜館的師傅們也參與了迎送，兒童們更是「人來瘋」了，來回穿梭不停，喧鬧不絕，像過開齋節一樣熱鬧非凡。

　　在張阿訇教長室白將軍贈送罐裝龍井茶葉給在座各位，公因招待

事務纏身而遲來一步，禮物贈畢，白將軍毫不遲疑地取出隨身的銀殼懷錶贈與公，並歉意地俯首貼耳輕聲道：「這是林森主席送的，二十年了，權作紀念。」公多次推諉拒受，後經張阿訇勸說，公思索後即取出自己歐米茄金懷錶與之交換。其急中生智，既領將軍之情，又為無錫回民爭了面子，可謂圓滿結局。最後身繫回族的白將軍在清真寺大廳前與眾老表合影留念。

與白崇禧將軍換錶，康司坦汀・為東方林森・一九二一

公得錶一年餘，因走慢便叫叔子孝春擦油，伯子孝申聽弟講此錶如何如何好，並邀在後面開診所的仲子孝杰來看，其略通英文，見後蓋的字母是「為東方林森先生・1921」（FOR E Lanching Esq），將二十多年了，牌子是康司坦汀（Vacheron & Constantin）。

孝申向父親提出要此錶，公一則太厚又重，不輕飄；二則兒子已是分店老闆讓其充充場，故允之。可因炫耀而未到半年光景被竊而失，又不敢告知父親。

直到一九七二年，筆者在崇安寄售商店偶見由常州人來賣銀殼掛

錶，估價員開價四十元，而賣主要一百四十元，相去甚遠。我反覆觀之確為康司坦汀，但瓷面已碎，絞鏈已斷，錶鏈沒幾節，而且頂頭簧出問題等等。筆者建議翻倍收購而遭拒，其餘的玩錶者均不動心。我徵得收購人員同意，一分未還買下此錶，並買香菸請客。當時我還未想到父親之錶，但錶殼二層蓋上分明刻著「為東方林森‧1921」的英文和阿拉伯字映入眼簾，這畢竟是瑞士世界名錶，專為皇家、總統、大臣們特製的超級名錶，旋即直奔孝春和孝申處，經反覆觀察鑒定就是父親的那塊錶。

意外的完璧歸趙我高興得幾乎要蹦出來，父親辨認後潸淚盈眶一錘定音，失而復得喜出望外地連連喊道：「真主賜福……」

請允許我提一下清真寺的張阿訇，山東人氏，其名和字因筆者年幼而記不起了。此人中等個子眉清目秀，手握一串九十九顆晶瑩剔透的髮絲水晶的贊珠──穆斯林念誦贊詞時用以計數的珠子。不停地撥弄著，並口中喃喃頌贊。其性情和善而平易好客，一見便知是知書達禮有文化修養的長者，筆者的經名阿布杜拉就是由他取的。師娘亦是賢妻良母之婦，俗稱「阿彌陀佛」之人。為什麼要提及？因為張阿訇是公事業發展之關鍵人物。

公在馬復興宰牛坊開張後，業務擴大，心存疑慮懸而未決的是這樣的大規模宰殺牲畜真主許可否？會不會遭報應而危及子孫後代？此想法長期糾纏著公，使其異常困惑、迷惘。

張阿訇坦然答道：「馬老，這一切宰牛阿訇會承擔的，不用擔心。如果我們自己辦養牛場自己屠宰、加工為穆民辦事更順應天意了。」聆君一席話勝讀十年書，公茅塞頓開，這樣，心理上有所突破，更堅定了信心和決心，為伊斯蘭飲食文化開拓前程，決意辦自己的養牛場。

這超前的理念，在當時的無錫是首屈一指，舉「市」無雙的壯舉。

二十 虎口餘生的半克拉鑽戒——父母與將軍太太的友情

　　抗日戰爭勝利後從陪都重慶返回南京的第一個周末，一輛米色的福特轎車在無錫漢昌路十三號清真馬復興菜館門前嘎然而止。一位秘書模樣的軍人下車打開後座的車門，迎出相敬如賓的將軍與夫人。

　　將軍已是知天命之人，魁梧而健壯，胸闊且肩圓，四方臉上濃眉和墨黑的絡腮鬍中嵌著一對炯炯有神的灰色瞳仁。他是黃埔軍校畢業生，戎馬一生。現在南京國防部總參供職，他就是文中點及的虞子孚將軍。

　　夫人太太是回族同胞，甘肅隴東馬氏名門望族之後裔。她是位音樂教師，那嬌柔的音色顯得格外裊裊，並彈得一手好鋼琴。這位海派女士的卷曲瀏海下，一對會說話的黑眸子，鑲嵌在微微高聳的鼻梁兩側，凝眸遠望頗有新疆維吾爾族女郎的風韻。那左手無名指上一枚白金托底的鑽戒泛出斑斕異彩，令人炫目。

　　前些日子他倆跟隨大部隊剛從渝回歸京城，今日適逢休假，將軍攜同太太來錫，一則遊覽太湖名勝媚川名山的黿頭渚、蠡園和梅園；二來省親會友並在無錫置業安家。在京期間，太太常光顧鼓樓清真馬祥興菜館，此次旅居無錫必到馬復興菜館光臨，在品嘗招牌菜——乾切牛肉、烤鴨、油雞及酸辣湯等的同時，商洽太太在此包飯之事宜。

　　慕名而來必先考察店貌、店容，然後是美食家的口福評定。故所以便要了雅座包廂，由堂倌引領至後洋房的客廳招待貴賓夫婦。

　　一小時尚好的筵席結束，決定太太以後的一日三餐都由馬復興包送，居住地由父親推薦在北倉門季再陽（音）先生南面的小洋樓裏。公盡地主之誼，夫婦盡歡而離。

　　日曆在翻動，時光在流逝，日久見人心，路遙知馬力。母親與太太的真摯友情與日俱增，成了刎頸之交。每逢周末將軍專車從京返錫

度假，經常帶一些南京的清真點心饋贈父母，有時還邀請母親和我一同去太湖賞春析秋，並合影留念，在我童年記憶中是在寶界橋留影使我不能忘卻，因為我被抱在轎車頭上。由此可鑒幾乎親如一家人，這也許是「千里回回是一家」的緣故吧。

一九四五年日軍投降不久，內戰即起，生靈塗炭，民不聊生，戰火從北方漫燎南方。遼瀋、平津和淮海三大戰役後解放軍佔領了長江以北廣袤大地近千里，國軍憑藉大江天塹以求最後一搏。說實話南京的達官貴人、軍政要員有的已飛香港，有的直抵臺灣了，軍心焉能穩住？!中下級軍官惆悵、惘然，已無心戀戰，一些南京的軍隊技術幹部為躲避戰火，去港臺無門，只得退而求其次，身居揚中以靜觀時局之變。

此時此刻虞將軍亦隨軍從南京撤離，一路經無錫抵上海待命。臨別之際，父母設宴為太太餞行。席間，太太勒下左手無名指上白金襯底的半克拉鑽戒，其托架是18K 玫瑰金的，雙手奉上作為最後離別的紀念，戀戀不捨地淚落滿襟相擁而別。多少個寒來暑往，多少個冬去春來，天啊，竟是人間的永別，遺憾至極。

文革中老宅抄家六次，有時是子夜，拿著長矛、大刀、鐵棍，戴著黑眼鏡。當時筆者正準備結婚，岳父母是小業主成分，妻又是其獨生女，故一些黃金飾品如戒指、項鍊、錶鏈等都由我保管。話得說回來，那時候私有黃金是犯罪的。原先我把它們塞在自行車車架裏，後來想想不妥，萬一自行車偷了怎麼辦？思來想去，說實話在這個時候不敢放在何處，一切的一切都不保險。最後只得放在眼鏡盒子裏，連同父母給我的禮物——那枚半克拉鑽戒一齊放了進去，塞進了枕頭。

虞太太餽贈的鑽戒

　　一日，夜深人靜，萬籟俱寂。倏地，我從朦朧中聽到急促的敲門
聲，開門一看是岳母唐毓芬和身後幾個紅衛兵、工宣隊人物，她老人
家被逼到此拿黃金首飾。此刻我突然清醒，迅速從枕邊拿著眼鏡盒佯
裝戴眼鏡，來者賊眼盯著我，從亭子間到大房間總共八級臺階，我以
迅雷不及掩耳之勢，憑藉黑暗從鏡盒中硬是把鑽戒摳了出來塞到嘴
裏，因為當時我只穿背心和褲頭，既無口袋，又不能留在手中，只得
在二秒之內急中生智出此下策，從虎口餘生保住了這枚鑽戒，為馬氏
後代珍藏了傳世之寶。

　　這裏補充交代一下，如果當時和盤托出，則與岳母交代不符，怎
麼多了一只鑽戒？反而罪加一等，更累及岳父母吃苦挨打，同時亦牽
連到父母雙親。過後想想還是心有餘悸，後怕不已。

　　歲末大喜就是一頓年夜飯，多麼無奈，多麼凄切。然，父母給我
們的禮物——鑽戒套在妻的無名指上，幸福趕走了一切的不悅與煩
惱，我和愛人李宜華深深地感謝父母親大人和岳父李培榮、岳母唐毓
芬的恩典，終身銘記，感恩戴德。

　　君不聞：鴉且有反哺之孝，羊尚知跪乳之恩。

 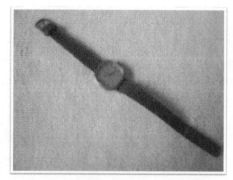

14K 愛爾近明懷錶為李培榮遺物　　　　18K 上海牌坤錶為唐毓芬遺物

二十一　無錫市第一張立功喜報──為回族的未來開創
事業

　　開宗明義，古人說得好「十年樹木，百年樹人。」故所以不容置
疑教育是百年大計，千年大計，這話說得一點也不錯，公孩提時代未
受教育成了終身缺憾，用什麼來彌補心靈上的淒楚？惟捐資助學，為
後代開啟知識的大門。

　　四〇年代，公捐資助學的一個信念：不能，決不能讓子女及員工
的子女成「睜眼瞎」，為此與菜業公會同仁志士一起投資建辦無錫市
菜業工會子弟小學，此事交帳房袁先生承辦，此人已不惑之年，略
胖，案桌左側放著佔桌面三分之一的算盤，撥珠如彈奏琴弦一般自
如。其受董事會之託，特聘請該校校長王鶴軒，教導馮君澤，教師孫
永明等先生。筆者及兄弟姊妹與店內員工江立成的子女，會計袁先生
的兒子，天一池浴室員工朱金榮、朱金學兄弟、胡龍寶、阮龍寶的子
女，馬復興宰牛公司楊鶴泉的子女等等都一同進入菜工小學。他們在
「學海無涯苦作舟，書山有路勤為徑」的訓導下，成為學兄、學弟、

學姐、學妹，有的同級，有的同班，有的竟是同桌，和睦相處其樂融融，令公喜悅無比：「他們將是我們的希望。」果不其然，這裏培養了位數不少的中高級人才，如工程師、醫師、教師、劇團團長等社會精英。

這位頗具傳奇色彩的人物優素福・馬忠順先生在三十年的奮鬥中非同凡響，雖取得了巨大成就，賺到了錢，但並不滿足於經營一家字號，於一九四五年選擇了讓人望而卻步的北塘商業寶地，在北塘大街與小泗房弄口設立了清真馬復興菜館分號，擠進北塘，齊躍富甲一方的聖地，它的面世是無錫最早設置分店的菜館之一，引領前茅，並派長子孝申打理，從此馬氏家族第十四代進入經濟領域。此時一城三店：馬復興及分店和馬永興為馬氏家族事業的巔峰，完全可以與陸稿薦、慎余、迎賓樓、拱北樓等商家相媲美。

馬復興分店老物件

分店招牌 分店遺址（北塘大街與小泗房弄口）

橢圓形花邊盆 日式器皿 Φ33.2×22.2cm

牛骨雙馬擺件 英國座鐘

馬氏診所老物件

近視水晶鏡

西馬小鬧鐘

ALpina（阿爾本那）跑錶

銅殼體溫錶

門燈

小書架及醫學用書

玻璃盤

鏡箱

美國座鐘

英文打字機

馬得利鐘錶店遺址及老物件

德國方打鐘

三五掛鐘

診所‧鐘錶店遺址
（通惠路8號）

德國「J」字報時報刻鐘

德國彩色瓷殼鐘

德國400天鐘

南京紅木插屏鐘

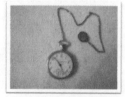

國際牌懷錶
（International）

鐘錶修理工具

14K 美國愛爾琴懷錶
（Elgin）

　　一九四七年，公為解決穆斯林和職工及家屬子女看病問題，其深謀遠慮早已安排就署。一面供次子孝杰及未婚妻夏明珠去兄弟醫院學醫，專攻內外科和婦產科；一面在惠通路八號購置房產百餘平方樓房一幢，開辦馬氏診所；並利用門面開設馬得利鐘錶店，由從亨達利鐘錶店學成所歸的三子孝春打理，在此學有所成的還有職工江立成之子倪金華等，可見公之一視同仁的氣派，從而奠定了馬氏實業在錫的雛型，完成了公之一個孩子一個行當，包括職工子女都可相互照應的理念。孝杰治好堂弟孝驤的腦膜炎為最好例證。

　　一九五〇年，公憑藉得天獨厚的吉祥之地——漢昌路十三號後院洋房內建立了復興汽水廠，為正廣和汽水廠生產鮮桔水和酸梅汁。該企業交於在上海大廈大學化工系即將畢業的四子孝先管理。

　　時代造就人才，人才服務於時代。一九五二年，孝申進入無錫國棉一廠當工人；孝杰的馬氏診所併入無錫建築公司當醫生，為解除職工的病痛剜去自己的皮給工友補上，且在無錫日報上報導，在職工中受到極好的口碑；孝春主營的馬得利鐘錶店回入亨達利鐘錶店，成為無錫鐘廠的建廠元老，一九一二年建造的無錫圖書館鐘樓——無錫標誌性建築，其大鐘一直是孝春保養維修的，一代天生的護鐘師；孝先離開復興汽水廠，棄商從戎參加了中國人民解放軍，由空軍因多次立下戰功——二等功一次，三等功二次——無錫市第一張立功喜報獲得者，後進入國防部工作……

　　一九五四年四月一日是馬氏光榮軍屬最自豪的一天，鞭炮聲和鑼鼓聲震耳欲聾，無錫第一張革命軍人立功喜報送到公的手上，這是由中國人民解放軍空軍司令部、政治部同時頒發的立功喜報，它為我市第一張。

馬忠順先生：

貴府馬孝先同志在飛行訓練中，創立功績，並經批准記三等功一次；除按功給獎外，特此報喜，慶賀馬孝先同志為人民立功，全家光榮。

為包市長增光，為錫城全市人民爭得榮譽、掌聲和鮮花。

一九五四年四月一日，無錫市第一張革命軍人立功喜報

復興汽水廠老物件

金邊玻璃缸

票簽子

操作臺

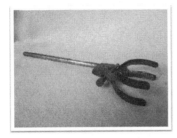
試管夾

英雄金筆

瓷容器壺

玻璃盆

美國座鐘

瑞士方臺鐘

二十二　第二區政府在馬宅成立——建築、歷史上佔一席之地

　　座落在無錫市廣勤一支路六十四號的九如堂馬宅，是一幢兩造四又三分之二開間，兩層帶閣的青磚黛瓦的大洋房，坐南背北，建築面積近千平方（部分輔助面積拆除），園約一畝六分，共佔地約兩畝≈一二七七點一平方公尺，由公獨資並委託當年打工的老闆——上海著名營造商滙同高級設計師建造的框架式結構的商住兩用建築。

　　由此可見，馬宅是當時最時尚的三〇年代代表建築，鶴立於周山浜之林，在此再次表明馬公忠順從建築童工入世，博採眾長具有建築天賦的穆斯林領軍人物。

　　公與新四軍首長薛永輝為莫逆之交，故一九五〇年在薛永輝先生的介紹下，公欣然做工作將大房、二房、三房的結婚房廣勤一支路六十四號大宅騰出租賃給市府包厚昌市長，成立中共無錫市第二區委員會和無錫市第二區人民政府，歷時數年之久。當時市府分四個區：第一區即現鐵路南的崇安區；第二區即現鐵路北的崇安區；第三區是現南長區；第四區是現北塘區。

　　這裏要褒彰的是公作為市政協委員，為確保二區人民政府的成立，顧全大局，同時毅然關掉十多年的清真馬復興宰牛公司，並拆除工場、牛棚、羊圈二百平方米，整修圍牆和修葺碼頭，於一月之內全部讓出。剛解放物資匱乏，時任區長的武先生未徵得公之同意擅自鋸掉了整個近百平方米的閣樓和楞頭，這使由建築工地上童工出身的人來講委實傷心至極，建築結構被破壞。何況敝帚尚且還需自珍，更不用說大樓房了。鋸下的花旗木隔打了二、三十個辦公室，改建了大樓梯，粉刷牆頭，油漆門窗等使老宅為之煥然一新，成為人們崇敬的地方。可對公來講是一生無法補償的憾事，因為大樓比他的生命更重

要——大宅經歷血的歷史，火的洗禮。

　　區府大園內精心栽培了許多奇花異草，花卉們四季長青。園中央最吸引人們眼球的是偌大的五角星花臺，足有十平方米，中間挺立著一棵大雪松，四周埋有扁柏和雀舌羅漢，郁郁蒼蒼持古雅質樸之氣，東首是一棵多年的葡萄樹纏絡著。圍牆四周布滿菊花、冬青、柳樹等不知名的普通樹種。一到金秋菊花盛開，霎時好看極了，紅、橙、黃、綠、白五光十色惹人喜愛，好似進入公園一般，目不暇接。到了秋冬時節，大量的菊花曬乾後多得裝成枕芯，用作枕頭，據中醫講菊花之清香可治失眠之症。

　　第二區區委和第二區人民政府的成立對於穩定當時鐵路北面的局勢起到了重要作用，大宅為團結、繁榮全區作出了卓越的無可替代的貢獻。此為該宅具有深遠的歷史意義，可供後人紀念和瞻仰。

解放後，無錫市第二區人民政府在馬宅成立

　　鑒於上述情況，馬公出資建造的九如堂馬宅，有它的建築價值、歷史價值和人文景觀價值。至少在少數民族文明史上佔有一席之地，為無錫這個歷史文化名城添上濃墨重彩一筆，以彌補空白。畢竟自一九〇〇年來的一百多年中，回族同胞和衷共濟，或多或少為無錫的開發、成長、發展作出了不可磨滅，無可替代的貢獻。大宅就是一個代表作，象徵回漢同胞同心協力的共同產物。保留屈指可數的有價值建築，就是收藏歷史，這是無可置疑的。須知，這是百十職工一生共同努力的產物：先人之財產乃瑰寶，瑰寶之珍惜享後人。

　　一九五五年，在私房改造前，公在真主的感悟下，展示驚人之舉，把大宅的三間數百平方米贈於市府包市長，此舉為一代著名人士中的一段佳話。這是外界的說法而已，其實內中另有隱情。原委是大宅租給區政府後，武區長當時未經同意擅自將閣樓全部鋸掉。公心痛不已，便把氣發洩到大兒孝申頭上，責其管理不善，並在眾兄弟中落下了「人家能得吃不了，你能得不夠吃」的警示句，以教育子女為戒。

　　公不善辭令且又耿直，如果說鋸掉了賠，有悖於其做人要大氣的氣度，好不小氣，又失面子，非公所作為，故一氣之下將房子送掉。包市長亦不知原委，只說「中央尚無此政策」，公執意，最後即令代管，封存這段史實，解決這尷尬局面。

二十三　穆斯林為什麼不食豬肉——「五聯」回民首度合作典範

穆斯林為什麼不食豬肉？

開卷點題。這是人們常常困惑不解的問題，也就成了公眾飯後茶餘談及的話題。作為一生為弘揚伊斯蘭飲食文化的馬公如是說：「一個真正的穆斯林有許多傳統的習俗，單飲食一項就有嚴格的禁食制度，除了戒食豬肉、自死禽畜、血液、未誦安拉之名宰殺的禽畜以外，還忌食驢、騾、狗和一切凶猛禽獸、無鱗魚類的肉，以及外形醜陋和不潔之物等，還要禁菸戒酒。」

豬肉、自死禽畜及血類之物都是不入口的，究其原由，則是衛生的緣故。這裏明確告示，戒食豬肉並非因「老祖宗」之故，此純屬荒誕離奇的無稽之談。豬吃的食物和睡的地方都是極其骯髒的；自死的家禽和家畜是由於病菌或死後不潔的緣由；那血類則是細菌繁衍孳生的好東西，極不乾淨，故所以上述之物為穆斯林所禁忌。

舉筆到此順便帶一下菸酒之類，它使人興奮，過度了則難以抑制，從生理衛生角度而言，它們對人們是有百害無一利。

綜上明義，豬肉等物和菸酒之類與穆斯林——伊斯蘭教徒是無緣份的⋯⋯

一九五〇年，廣勤一支路六十四號的九如堂馬宅租賃給市府，成立了第二區人民政府。自宰牛坊發展到馬復興宰牛公司，十六春秋的經營發展到此落下了帷幕。為解決以「牛羊駝為天」的穆民膳食習慣，馬公以政協委員的身份與包厚昌市長磋商，最後同意撥地約三畝，於吳橋南塊沿運河西去一百米之遙——現運河西路新民村處，重建清真宰牛公司。一九五〇年，由馬公忠順先生牽頭，匯同馬永興菜館店主馬忠魁，劉生和包子館店主劉吉順，經營牛肉生意的商賈戚平

海及金家二姑娘等五人聯合組成——無錫市穆斯林首度合作開辦的宰牛公司，因五人行，故名命為無錫市五聯宰牛股份有限公司。董事長馬忠順，經理劉吉順，採購戚平海，主管會計楊鶴泉。

清真五聯宰牛股份有限公司遺址（現運河西路新民村）

當時吳橋南塊還是一片荒草野地，北臨運河，外地牛的運載可通過此河解決，乃地利之越。站在吳橋上「清真五聯宰牛公司」的醒目大字即印入您的眼瞼，走進木柵欄的大門便是一口六角形的大井，後面是一個偌大的牛場，足可容納百餘頭。西側是一排八間頭的平房，順序為門房間、會計室、分割間、下腳處理間、大爐間等，頂頭兩間為持刀阿訇的宿舍及換水禮拜房，擁有職工二十人之多，大多是馬記、金記宰牛場的老員工。最南端是一排排牛棚，東側是儲草間和貯藏室，內有屠宰用具及一桿二百斤的大秤和十至三十斤不等的衡具，這些都是從馬復興宰牛公司、金記宰牛場匯集而來的，如紅木大秤上還標有「馬復興」的字樣呢。

公司的主建築位於場地的居中，由雙排人字頂六開間的磚木結構

組成，水泥地平，工場可供六條牛同時屠宰分割，室內自然光線充沛，四面通風。在四周牆上均有十公分粗的鋼管分設，用來掛分割後的牛肉，其下面有地溝，血和污水由此沖刷而淨。

公在屠宰業中要求極為嚴格，如血要放盡，肉中無骨，並不准牛肉接觸地面，腸肚均經石灰水中浸泡……

凡此種種，父親在二次創辦宰牛公司時煞費苦心，從組股人事、得地造屋、設計佈局、聘請阿訇等等無不事必躬親，再次表現了他不平凡的才華和建築方面的造詣，「五聯」又是他一大力作傳世於後人。

講及屠宰不免令人毛骨悚然，記得兒時一件小事久久揮之不去，現權當夕拾於朝花而告之於眾，以饗讀者。

瑞雪後的陰霾天氣，放學回家父親領我去新開張的五聯宰牛公司取生牛肉——這是我每天放學後的第一件事。我們徒步經馬復興北塘大街分店到老三里橋和新三里橋間，耳聞賣油餃的吆喝聲，父親便和賣者「色倆目」後寒暄起來，並取錢買了兩只油餃給我做點心，我喜出望外地大口吃起來。可那老翁死命不肯收錢，推搡著說：「馬老表，都是自己人，鄉里鄉親的老表還算錢，您不是搧我耳光嗎？老話說得好『飲水當思源，翻身休忘本』。我拖家帶口立足無錫，多虧您的鼎力相助才有今天，連這副擔子也是您給置的。禱告主！」

「老表，做小生意不易啊，您就甭客氣了，正好有零錢，您收下吧！」

我嚼著油餃，三步一回頭地看著兩鬢斑白的像「賣炭翁」一般瘦骨嶙峋的勤奮老人，其勞力、勞心、勞神如小蜜蜂一樣地勞作，我渾然不知餃子的味道……鏗鏘的叫賣聲一直迴旋在我耳際，飄蕩在大運河上空，直到吳橋上仍有餘音繞樑：「賣油餃啦，二分一個……」

不知不覺來到了宰牛場。以前馬復興宰牛公司宰的大部分是南方役牛——水牛，這次我意外地見到了一頭北方肉牛——黃牛，約三歲

口。兒童心理的我欣喜地上去撫摸它，可不慎被它踩了我右腳，忍著疼痛不敢出聲，獨自躲在牆角處遠眺它那可愛的身影。

須臾，游哉悠哉的它被師傅們牽到屠宰工廠門口，它突然停住了腳不肯進門。是嗅到血腥味，或是見到同類的屍骨？它竟然退了出來，反覆數次，就是滑倒冰地上爬起來還是不肯進。無奈，善於宰牛的人們也驚訝了，只得邊牽邊打才完事。

我出於好奇不由自主地跟了進去，窺視了屠宰的全過程：

首北尾南的黃牛站立著，口中不停地吐著一串串唾沫，前後雙腳分別被套上繩圈，兩繩圈又能收縮一處，當在收緊的一剎那，在反方向一人拉住牛鼻子繩，另一人拉住牛尾巴，一──二──三！同時用力，牛即應聲而向東倒地，喘著粗氣掙扎著，瞪著銅鈴般的牛眼，無可奈何地流出眼淚，毋須爭辯「畜生亦有人生相」。然後拖來長木盆墊在頸部，並用大竹槓撬住牛角，最後由阿訇手執牛耳刀，面向西南誦經：「……安拉乎……」一刀，這一刀必須在最短時間內處死它，以減少痛苦。嗚呼哀哉！我再也不敢看下去了，於是乎取牛肉後由黃包車送我回家。借助兩隻油餃的力，我放棄了晚餐蒙頭便睡……

半夜三更，「哞──」的牛叫聲驚醒了，我惺惺忪忪睜開眼睛，那小黃牛的身影躍然浮現在我眼前，如此勞碌一生得此下場，忒可悲了。我浮想聯翩，倘若有來世，世事弄人我也變成一頭牛的話，我──我可怕極了。

每每考察一處屠宰場，我就會敏感地嗅到這種莫名的氣味，而且每處都是一樣的不可言語的味兒，長久揮之不去。奇怪，即使返鄉作客也什麼東西都不想吃，這種尷尬局面君等是無法理會的。在蹉跎的歲月中，每當餐桌上端上牛肉絲或片，或牛肉圓子等炒爆湯羹之類，我只吃些配頭或喝點湯……

筆者從人物傳記的字裏行間中尋覓和反覆探索父輩的創業史中的

每個關鍵要素，總想有所新的突破，新的發現，新的啟迪，給後輩有個完整全面的交代，起到承上啟下的作用，於是乎，我苦思冥想終於悟出了父親的本意——思路——辦養牛場比宰牛場好，正可謂言簡意賅的結句。

二十四　劫後逢生的馬復興招牌——金字招牌、雞血章之見證

　　「馬復興」百年老字號為馬忠順題名，由廖倫縣長潑墨，經金城弄無錫著名許鶴記油漆作特製而成。外型設計為布幣狀，長一百二十公分，寬五十公分，厚三點五公分，採用銀杏樹面板，配以上等櫸樹作框架，上有銅襻，下有墊珠，四角有銅質鎏金包角，全重十五斤有餘。雙面的陽文「馬復興」三字，上首「清真教門」四個陰文字是製作者後添的，鎏金之處現在還依稀可見。這塊金字招牌在當時聞名遐邇，風靡一時，為馬復興菜館展示了濃采神筆。

馬復興菜館雙面金字招牌

　　一九五一年公的企業潛入谷底，馬復興盤賃給蘇州穆斯林，成了股份制的伊斯蘭食堂。後來在天一池浴室房東陸明達先生的幫助下，公舉家遷到北塘壇頭弄十號居住。這塊招牌也失去往日的輝煌，框架上鑿了四個長方孔做成一張小桌子，用來墊樟木箱。

　　一九五五年，第二區人民政府改為工運區人民政府，而後與第一區崇安區人民政府合併遷出。父親攜全家回到廣勤一支路六十四號大宅，這是公自一九三五年建造大樓以來，首次居住此宅。面貌已改成桌子的招牌，父親扼腕自歎：「馬復興呀馬復興，今日總算回到自己的家了，古人訓『金窩銀窩不如自己的草窩』。」這是公一心改變「窮回回」二十年奮鬥深埋胸中心語的獨白。

　　一九六六年無產階級文化大革命從宣傳《十六條》開始，到《我的第一張大字報》，拉開了「破四舊，立四新」的序幕。所有帝王將相、才子佳人的書籍、圖片、字畫、衣服、古玩等等都冠以封資修的四舊；崇洋媚外的「泊來品」，如西服、日用品、藝術品等等亦不例外。外國手錶不敢戴，進口的「蘭令」、「三槍」等自行車交通工具雖可行載，但商標一律撬掉。連民族傳統節日——春節，也被倡導過一個革命化的春節，爆竹、煙火等節日氣氛被八部樣板戲所取而代之。

　　紅衛兵活躍在街頭巷尾，串聯、抄家、遊街、鬥批、示眾，大字報、大批判……交織在城鎮上空，被抄的金銀飾品充公，一些古董、字畫、書籍、招牌、棺材等等四舊物資分別滙集到吟春書場和三陽南北貨店大門口付之一炬。五千年的文明蕩然無存……

　　公之家經歷六次抄家，也被洗劫一空，唯劫後餘生的是這塊招牌，為什麼能安然無恙呢？且聽筆者徐徐道來。

　　抄家時，招牌壓在樟木箱之下，僥倖逃脫而保全「性命」。過後，筆者新婚燕爾，父親讓出房間，選擇了紅木四仙臺和梳妝臺給我，並拿來了那張招牌桌代作廚房切菜洗碗之用。就在此時此刻父親

講述了金字招牌的歷史，我聆聽大人的教誨，為之而動容，並立誓為父記錄家史。

母親膽小怕事，不時地用刀撬，鏟刀鏟上面的「馬復興」三個金字，一週徒勞連半個字也未動，萬般無奈下，只得用柏油將它塗沒，這才鬆了半口氣，剩餘的半口氣還懸在空中。

一九七四年形勢大好，公已定為市一級愛國人士，兄嫂們陸續從外地落葉歸根返錫，居住成了問題。父親打報告給包厚昌市長，市長指示將擅自搶進的房西安排走，並在槐古二村一號門五〇五室安排豎套一只。數月後筆者全家四口離別父母，隨父母三十又四年的羽下生活——我是與父母生活時間最長的一個孩子，享受天倫之樂最富有的一個孩子，我感謝雙親對我一家的關懷備至，故而離別時依依不捨之情思緒萬千。

臨別裝車時，公特意將招牌桌搬上車，千叮嚀萬囑咐：「馬家就靠你了。」說著便從口袋中取出一小包，「人在東西在！」我聆聽父親的許諾雙手接下，手感到一沉，心想是何物？老人家要這樣抓住我的手，而且顫顫慄慄。我熱淚含在眼眶，視線模糊了……

當離開老宅走到鐵路道口，我迫不急待地取出父親給我的小包，還帶著他老人家體溫的小包，打開三層包布，但見一方鮮紅的雞血石印章，「馬復興」廖倫手筆躍然進入眼簾，這是由復興路雙切軒雕刻社老闆親自刻製的，用來打印生牛羊肉的蘭印章，以示我馬復興宰牛坊的產品。印章成橢圓形，長徑為62.2mm，短徑為27.8mm，高度為25mm，重量100克。手捧沉甸甸的雞血印章，我溢於言表，淚水已無法抑制：「爸爸，我永遠銘記您老人家的豐功偉績，繼承、弘揚、光大……」

雞血印章

雪落有晴天，雨後必朝陽。喬遷新居後，每到傍晚時分，招牌桌供在南陽臺上，鋪上桌布，一家四口分享著父輩業績的象徵，其樂融融。此間告誡小輩住上新房不可忘懷爺爺奶奶的一生辛勞。切切記住前輩人生格言：人生在世不是享樂，而是要付出沉重的勞動，以造福子孫。

改革開放的大潮終於來臨，市冶金局陳源局長，二十七軍政委、前市軍管會宣傳部長宋富貴，不期而遇光臨寒舍，偶見招牌而語：「這無形資產就如此對待？真是坐在白米屯上餓死人！一定要把馬家的牌子樹起來。」

筆者聆聽著勝似兄長一般的教導，異常親切近人，正想躍躍欲試，然又怕政策變化無常，再來個「資產階級孝子賢孫」的大帽子，還是靜觀以待吧。當時我正參與徐靜漁副市長開辦的無錫書法藝術專科學校的籌建工作；接著下來的是提議蔣校長一起策劃無錫民族業餘學校的創辦，引其由蔣國培原上海×中學校長，又是蔣星階之後代，祖上對建造無錫清真寺有功，應鼎立相助之，加上本人是搞業餘教育的，故一舉獲得成功；最後暫調冶金局，協助過祗明科長籌建無錫冶金職業大學，兩年後正式歸隊調槐古中學任教。

無錫書法藝專校徽　　　　無錫冶金職業大學結業紀念杯

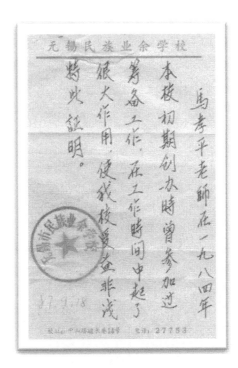

無錫民族業餘學校辦學證明

　　九〇年代初，我受雇於南京香港城購物中心任副總經理，此中心是由十七家香港公司組成的集團公司，按省長的意圖：南京人不要出南京就能買到香港貨。筆者常年包住金陵大飯店一八〇八房間。兩年多的實習、磨練大有長進，這要歸功於家父的遺傳因子的作用，很快掌握了商德第一的經商門道。在「君子愛財，取之有道」的感悟下，一九九八年正式接過馬復興招牌，與三哥孝春在公園路十四號開辦馬復興鐘錶工藝館。南來北往的客戶日益增多，連鐘錶廠技師華勉勵、單學泉和廠長王明賢亦加盟，業務擴大，一些名貴的古舊鐘錶得益於馬復興而保留收藏。

筆者提「香港城」拎袋進南京金陵飯店1808房

筆者與曹堅定醫生在南京香港城促膝談心

　　得空暇時，將招牌從桌面上分離出來，補金字，嵌縫隙，磨面板等，想整舊如舊，可惜昔日的榮光還是未能體察。上面的四個孔洞怎補？銅襻、銅包角、銅底座到何處去覓？！

　　一日，一位人稱老木匠的自帶工具和材料來修理招牌。匠人取出帶來的紅木坯料，按孔的尺寸鑲嵌後經打磨渾然一體，天衣無縫。正是「踏破鐵鞋無覓處，得來全不費功夫」。

　　本主要求結帳，匠人大笑曰：「我借花獻佛，這老招牌就是佛，年代悠久，一個甲子前我就見到它的尊容，因為我是馬復興的常客，這又是廖縣長的墨寶，當時這塊雙面金字招牌是何等風光。今老叟為它『整容』便是舉手之勞，要算錢？我姓錢，銀行裏的錢，除了別人的，都是我的！哈哈哈……」詼諧的語句，除了幽默好笑，更多的是感激涕零。

　　前不久，我因事務纏身親赴姑蘇，得空應邀去山塘街鑒賞並一睹「鬼推磨」醫用懷錶風采。無巧不成書，一副民國年間的銅襻印入我眼瞼，怎不叫人喜出望外？！當晚「清真教門馬復興」的金字招牌整舊如舊，恢復了舊日的光彩，深謝父親大人的祐護。

　　馬氏家族的遺訓中教誨後生：無志者千難萬險，有志者千方百計。

二十五　與京劇大師馬連良之情──「遙祝馬老表一路走好啊……」

　　著名京劇表演藝術家馬連良先生繫回族，伊斯蘭人士。京劇為國粹，在鬚生行當中流傳著南有麒麟童，北有馬連良，即麒派與馬派，人們常戲謔地稱之謂「騎馬」派，即「麒馬」派的諧音，可見戲迷們的愛稱之熱切。

　　一九五三年初，馬連良先生派員其保鑣，抱歉，不知此人名姓，但已逾不惑之年，幽默風趣，從前額的疤痕可告知從武生，平頂，戴頂世界工人帽，帶書信前來無錫見公，告知馬連良先生擇日率團二次來無錫演出，一切務請忠順兄多多關照為盼。

　　說來也巧，一九五三年公之企業正處進退維谷，勉強維持。值逢蘇州下來幾位穆斯林合股租賃，他們是高青山、張雙貴、李順、馬宏義、柏尚儒、沈老四、朱榮生和蕭長發等人，在公之允諾後改名為伊斯蘭食堂。不期而遇馬連良京劇團來錫公演，接待的檔次儼然成了問題。故公將全團演出人員住宿安置在泰山飯店，搭班的是無錫市孫伯齡京劇團，演出地點無錫市人民大會堂，並包了一輛黑色奧斯汀轎車負責接送之用。

　　餐飲使公煩難，讓大師吃食堂？不可，絕不可！如此做法不是丟掉無錫人的臉面？尤其是回民同胞。公輾轉反側夜不入寐，自己店裏的師傅們都散去了，現在伊斯蘭食堂的員工只能是社會飯店，做些麵點小吃。這如何是好？最後毅然愧疚地實情電話相告馬連良先生，並請其在北京自聘廚師來錫，由此深深致歉。

泰山飯店商標　　馬連良一行用餐時的桌子、凳子和衣架

接著公騰出自己洋房的廚房和客廳供劇團烹飪和就餐之用。北京所聘廚師為京城著名牛街回民館的胖子，別看像殷秀岑人物，可燒得一手佳餚。隨團主要人員除大師及夫人之外，還有超琴李慕良先生，花旦羅惠蘭小姐，名丑馬富祿先生，武生馬盛龍先生等一行，演出期間均在天一池浴室小憩。就此公在食住行等都一一就齊了。

回顧公對馬連良有一段深情厚誼勝似兄弟的情結。他忒喜歡京劇，在生旦淨末丑中尤其酷愛鬚生，特別敬崇馬派的瀟灑脫俗，吐字清晰，唱腔委婉，韻味特濃。除此之外就是因為同族老表，老表對老表自然是更親一籌。為了學馬派，公特地赴上海買了一臺德國Victory 勝利牌的留聲機——無錫最早的一臺，並把馬派的唱片一個不漏地全買齊。如《趙氏孤兒》、《借東風》、《甘露寺》、《十老安劉》、《將相和》、《打漁殺家》等等一大疊，擺在店門庭前放，新穎稀奇的洋玩意兒招徠許多好奇的戲迷聽客和食客，自己還不時地引吭高

招待馬連良之餐具及大師饋贈品

德國銀叉

銀勺

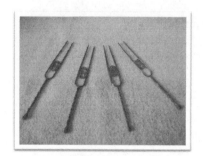

童子下棋花瓶

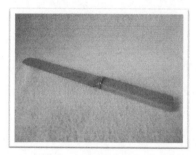

銀叉

西餐刀具

送天一池的茶葉罐

贈玉碗及象牙柄叉

唱幾句，博得掌聲和喝彩。之所以如此愛好還歸功於當有軌電車駕駛員時培養的。適逢馬連良京劇團南下駐地正與有軌電車公司相鄰，邂逅相遇，加之同族而贈票與兄弟倆，故而劇團在滬事宜公竭誠全力相助，成了不可多得的莫逆之摯友。

告別演出結束，大師贈親筆題詞的綠底白字錦旗一面。忠順兄：繼承並發揚我回族同胞的優良傳統，為穆斯林事業而奮鬥！落款一九五三年馬連良在無錫，以此留念為荷。臨別時分還特意奉上白玉碗一只，象牙炳鋼叉一把，還有錫製的精品葫蘆茶葉缸一對慨然相贈，以表對伊斯蘭食堂和天一池浴室的謝意。筆者正處少年，也獲得墨寶藏品：韓愈的名句「業精於勤，荒於嬉；行成於思，毀於惰。」還有《將相和》中馬連良大師飾藺相如的八寸劇照，上款為孝平小同志，落款是馬連良在無錫，一九五三年四月二十五日。這是我為馬伯伯劇中休息時送點心的回報，親眼目睹大師的精粹技藝，親耳聆聽超琴李慕良先生的演奏，此為我人生中一件最難以忘懷之事。

以後來無錫演出的梅蘭芳京劇團其回族演員們也就餐於伊斯蘭食堂。筆者很是榮幸，得到了梅蘭芳先生的親筆題詞：「孝平同志：為實現第一個五年計畫而奮鬥！」和姜妙香先生的墨寶「努力學習」。望著大師們的墨寶，發憤向上，獲益匪淺。

歲月流逝至文革期間，公驚聞因《海瑞罷官》而被貶，馬連良先生在北京長安街掃地，其淒然皺眉。不多日又聽到大師投河金水橋內自絕於世。公再也忍不住了，向隅而泣，泣不成聲。筆者生平第一次見父親如此黯然神傷而又無奈至極。因為自己亦羈押在「牛棚」中掃街，委實自身難保，留下肺腑之言：「大師啊大師，千秋功罪誰人評說？唉——禱告主，遙祝馬老表一路走好啊……」

梅蘭芳大師所贈筆者的墨寶（劫後複製）

馬連良大師所贈筆者的墨寶（劫後複製）

二十六 毋忘國恥避難不食煙火——「活動，活動，要活就要動噢！」

公是個愛憎分明之人，匡扶正義之君。每當九月十八日適逢「國恥日」，對八年離亂的抗日戰爭記憶猶新，對民族之非難歷歷在目：日軍瘋狂地草菅人命，濫殺無辜穆斯林，屠城血濺南京，其罪罄竹難書……每每這一天公總是隻身獨處郊外「避難」，同時不吃煙火食，以示對亡靈的紀念，尤其是無辜罹難的平民，以此減少心靈上的痛楚。八年的民族恨尚未了卻，永遠的傷痕怎可撫平？！

一九五三年九月十八日，和煦的陽光普照大地，已過甲子之年的公，遂筆者與四哥孝先陪同下去徐州雲龍山「避難」。為不食煙火，特地在山腳小販處以一元買了三十三只雞皮蛋，從上山吃到下山為一天的伙食，到山巔飲鶴泉處以解決一半，下山攝影留念時，已完完全全一掃而光，如風捲殘雲一般，這也是其生活簡樸的一個光點，令人瞠目結舌，同時也折射出甲子老人拳拳愛國之心也。

公是位彪形大漢，一點八三米的個頭，肩寬腰圓，就憑這個子當上建築童工和電車駕駛員，就憑這強健的體魄立足社會，跌打爬滾數十年，開天闢地建家園，創實業，辦公益，立功勳，成為無錫回民百年中的第一強人。

一九七一年，公已入耄耋之年，由於鬥批時小便失禁，此病一直未見好轉，尿液時有時無，時頻時緩，導致大便失禁。人消瘦，皮膚發亮，然無呻吟之態而默默承受，家人很是局促不安。二哥孝杰親臨第三人民醫院請教院長馬榮賡，院長建議馬上攝片，最後依據 X 光片診斷為膀胱癌。這下非同小可，簡直如一顆 TNT 重磅炸彈落在廣勤一支路六十四號大宅，整個家屬人員面面相覷，沉默加無言徹夜未眠地守圍在公之床前，女眷們含著淚端茶、擦洗；男士們心急如焚聚

首一起商議開刀，還是保守療法？癌症則必須手術，可年近八旬叟翁
豈能受得了這份苦痛？！

九‧一八國恥日，公在徐州雲龍山避難留影，左面是孝先，
右面是父親，後面是筆者

可疑的是當小便排空又精神矍鑠，公目測兒孫們的猶豫不決而堅
定地說：「都八十了，人生自古誰無死？」奇了，公對死卻不屑一
顧，倒反過來安慰起小輩們，「唉——」

誰能定奪手術與否？公長吁一聲：「動手術吧，這樣時好時壞也
不是個事兒，命若游絲，就是躺在手術臺上壽終正寢也是真主的安
排，禱告主。」正是匪夷所思啊！

話得說回來，八旬老翁誰來冒此風險？誰敢冒此風險？這一問倒
是將了一軍。如何是好呢？最後大家磋商結果瞞報為七十歲，也只有
此路可通了。

三日後，二哥請馬院長主刀，並簽下「生死」文書推進手術
室……

　　四十分鐘不到即推出手術室，晚輩們都納悶，眾說紛紜：「是膀胱癌到晚期不能動了？是因為年事太高而不敢動了？還是體弱和伴有其他疾病……」

　　猜度中，二哥走出院長室興奮地宣布：「診斷錯誤，不是膀胱癌，而是尿瀦留，導尿管一插便解決問題。」眾人轉憂為喜。

　　正是喜從天降，公第二天眉都不皺地下床行走了，同室病友們驚愕不已，第三天即挺胸凸肚地宣布打道回府了。筆者凝視父親遠去的背影，躊躇滿志，但又莫名惆悵……

　　聽！「咳──」那一聲清嗓的聲音，從百米外傳來，久久迴旋耳際，一聽便知公是一位身材魁偉之人。

　　瞧！「蹬蹬蹬」那結實有力的步伐，柱撐著高大的身軀，如果您是一個善於觀察的人，就可以察覺其上身的比例略大於下身，這個秘密已頻傳後輩，這也許是馬背上民族──游牧民族在體格上的唯一遺傳吧。

　　看！那寬闊的肩頭，略偏右的脊柱，這是自建築童工扛、挑、搬、抬……為生存而苦苦掙扎的結果，讓我們後代依靠無比。

　　眸望背影筆者思緒萬千……

　　這與公遵循古人之訓：坐如鐘，站像松，睡似弓，行若風一樣嚴格要求自己，從不拖沓怠慢，就是年過八十，走路不用拐杖，穿馬路也不讓人攙扶，自食其力安排自己的生活，很少有求於人。按照「生命在於運動」的哲理，說得淺顯通俗一些，「活動，活動，要活就要動噢！」這種對生命的珍愛，顯然不無道理。

二十七　樂善好施為穆斯林同胞──事事熠熠生輝，代代相傳

公這個人一生遵照孔夫子的訓導「勿以惡小而為之，勿以善小而不為」，此為其作人的宗旨和準則。

一九四九年以來，身為著名愛國人士、市歷屆政協委員、工商聯委員、少數民族代表的馬公，事事處處起表率，時時刻刻作榜樣，責己嚴，責人寬，贏得社會好評，被族人敬稱「三伯伯」，被鄰里直呼「光榮爸爸」。回首疇昔之事猶如昨日一般，浮現在眼前：

土地改革中，公主動把擬建牧場的四百五十畝田單和十數間房產地契主動悉數交給潁上縣人民政府。

抗美援朝中，公遵循真主「止人作惡」的教誨，毅然而決將三個孩子孝先、孝剛、孝基，投筆從戎送到部隊，以兩個空軍，一個海軍保家衛國。與此同時在物質上支持，公把企業中的銅錫盆、壺等全部捐獻出來，並把經營利潤的三分之一買古玩的錢都用於買飛機大砲和認購建設公債，捫心自問保衛祖國赤膽忠心，支援建設盡心盡責。尤其甚者，把祖傳幾代的中醫秘方毫不保留地交於人民，公從不落後於人，被公眾稱為穆斯林中的正統人物。

可是一九五一年，公之企業每況愈下，深居簡出手頭拮据，為生計由，又開出馬義興菜館。當時不能再用馬復興，因為馬復興復出老職工們自然而來，畢竟人是有感情的動物。故只得用五子孝偉之名開辦，範圍縮小一半，人員亦減少了許多。您想筆者剛四年級的學生已經當上了「小伙計」，可想而之艱難的程度了。

「三五反」運動中，馬氏所有企業均被評為守法戶和基本守法戶。

一九五三至一九五六年，公受包市長委派到原江南大學，當時為無錫市交際處，現太湖飯店接待一批又一批的中東穆斯林國家代表團

和西北少數民族代表團。交際處長張養生知識分子書卷氣十足的面龐上，前額飽滿，兩頰略瘦，戴一副玳瑁架近視眼鏡，為人平和，有一副好嗓子，據述以前是輔仁中學的音樂教師。公在其直接領導下，屢獲殊榮。張處長深知公喜愛古董，便摘下自己的「喜鵲望梅」翡翠玉珮贈與公以資嘉獎。又者，一九七〇年「文革」間，張先生剛從隔離中「解放」出來，公特地去五愛廣場加油站後面的張宅，專程探望張先生，並了卻二十多年的私交：在張先生搞地下工作時，公曾冒險救之。沒想到這次見面竟是最後一面，不多日便自刎而永訣，歎！歎！歎！

光榮一家──仨軍人

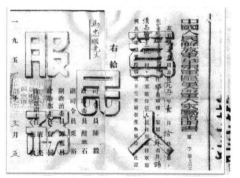

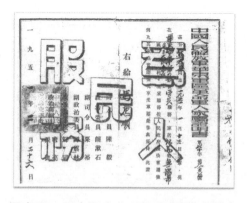

優素福・馬忠順先生的叁張軍屬證及孝基、孝先、孝剛（左起）留影

市交際處、伊斯蘭及分店、回民飯店遺址

無錫市交際處（現太湖飯店）

伊斯蘭食堂惠山分店遺址（現惠山直街）

回民飯店遺址（原萬泉路口）

伊斯蘭食堂遺址（原公園路）

一九五六年，包市長又委任公為伊斯蘭食堂及惠山分店和回民飯店三家副總經理之職，重操伊斯蘭飲食文化之舊業。經營清真麵食，有湯、拌、炒、擀等多種麵條，並滙同無錫「麵點大王」金阿胖大師傅加盟，使西北特色與南方技術交相輝映，取上補短，質量更上一層樓。同時又恢復了牛肉鍋貼、水餃、包子、酸辣湯、絲粉湯等大眾點心和馬復興菜館的傳統伊斯蘭食品以報錫人厚愛。公一生嚴謹治商以商德第一，質量第一，衛生第一，服務第一著稱於世，故企業多次被評為江蘇省先進單位和無錫市最佳商店及特色商店。公身為副總經理的三千六百五十多個日日夜夜裏，其以店為家，大事小情均請示彙報，重活髒活全身先士卒。能者可謂多勞，連公當建築童工時學的手藝——專營壁爐工藝都派上用上了，修膛爐子一人包攬擔當，為不影響營業，汗流浹背地連夜趕製出來。當時的大廚莊興榮師傅到現在還讚不絕口地說：「一夜天爐子竟然好了，確鑿難能可貴，把國營店當自己的店做。」別忘卻了，公此時已近古稀之年了，員工們稱公是一個實實在在的「工作狂」，其頷之曰：「這是主的安排，勞碌命也。」

在位期間，公與家人約法三章，子女絕不能在店內消費，更不能陪客用餐，以示清正廉潔。甚至家屬到店裏去取其伙食的剩餘飯菜，也只能站於門外，待公公示後方可取之。焉不令人費解啊！但事實畢竟是事實，公就是這樣清正廉潔於一生。

一九五八年大躍進年代，為大煉鋼鐵，公社未經商議擅自拆去馬氏大宅青磚圍牆，將一畝六分的大園用於燒結焦炭，以供冶煉鋼鐵之需，但未見成功，公亦無言責問，這是一般民眾匪夷所思的。

三年自然災害中，公是從小苦過來的，其與國家、人民風雨同舟，同甘共苦。人們喝著醬油湯，吃著糠餅、麩皮。公省下在伊斯蘭食堂的伙食菜——水芹菜根和鹹黃魚頭省給孩子們吃。並以「寒不擇衣，饑不擇食」的典故告知子女，默默地度過這最艱難的時日。公一

心撲在事業上的同時，關愛備至自己的孩子，嘔心瀝血地身教重於言教地教育孩子，公是一個稱職的好父親。

一九六六年，山雨欲來風滿樓，這是一個顛倒的年代──文化大革命的腥風血雨，抄家、掛牌、鬥批、掃街、住過道……當公與妻拿著掃帚掃廣勤一支路時，公戲謔地對妻說：「這路我和吳、榮兩家鋪了幾十年而從未掃過，現在該輪我掃了，而且連累了你。唉──為公眾辦事有何不妥？真主也諄諄教導過，但可惜吾老矣，沒有當年之勇了。」公苦苦掙扎著，無怨亦無悔，即使在鬥批遭毒打，甚至於小便尿褲，還是相信國家和人民，天下總有公理在，其忠誠可見一斑。強健的體魄，忠貞不渝的信念和寬厚的秉性使其逃過這一劫。

公確確實實是一個大丈夫，了不起的偉丈夫。因為公一輩子為人樂善好施，行善濟貧。古人拍案警語「惡有惡報，善有善報；不是不報，時辰未到；時辰一到，全部都報。」此言深深地激勵自己，不做不義之事，不取不義之財，不為不義之人，因為多行不義必自斃。故所以公事事熠熠生輝，兒孫生生不息，且代代相傳也。

二十八　著名愛國實業家之業績──「路在你腳下，自己去爭闖」

無錫被世人所公認為近代中國民族工商業的重要發祥地，是一座歷史悠久的工商城市。公一手創辦的馬復興菜館，是無錫赫赫有名的「老字號」商店，與王興記、聚豐園並駕齊驅，堪稱三館鼎立之勢。公所創建的清真馬復興宰牛坊其建築遺存是無錫重要工業遺產不可分割的一部分，在當時為無錫最早的宰牛坊，江蘇最大的清真屠宰場。馬公合股開創的 A 字奶牛場是無錫開天闢地的，其所生產的 A 字牌牛奶是無錫第一瓶鮮牛奶。乃至五聯宰牛股份有限公司的成立為無錫

回民首度合作成功的典範，無不傾注公之心血，無庸諱言父親有不可
磨滅的功績。在回族進入無錫百年的歷史長河中，公在世的數十年，
一貫遵循真主的教誨，一心一意地弘揚伊斯蘭文化，全心全意地發展
穆斯林事業，被後人稱之為江蘇省回民中的一位傑出人物——從篳路
藍縷的建築童工到著名愛國實業家，現務請諸君瀏覽馬忠順先生在世
一手創辦的馬氏產業簡錄，及公益事業，以展示並概括先生一生之
業績：

1　企業：

1911年　清真馬復興包子鋪　上海九畝地、德潤里　業主：馬忠順
　　　　馬忠魁

1916年　清真馬復興菜館　無錫漢昌路13號　業主：馬忠順

1919年　天一池浴室　漢昌路12號　代理：趙金庫

1935年　清真馬復興宰牛坊　廣勤一支路64號副樓、園　代理：楊鶴
　　　　泉

1937年　穆斯林旅館　廣勤一支路64號主樓（房已造，因抗戰告停）

1940年　A（愛）字牌奶牛場　東北蕩村俞闕巷上　場長：馬忠順

1945年　清真馬復興菜館分號　北塘大街小泗房弄口　經理：馬孝申

1947年　馬氏診所　通惠路8號內　主管：馬孝杰

1947年　馬得利鐘錶店　通惠路8號　主管：馬孝春

1949年　馬復興養牛場　安徽潁上縣（地、房已置，因國內戰爭告停）

1950年　五聯宰牛公司　運河西路新民村　董事長：馬忠順

1950年　復興汽水廠　漢昌路13號內院　廠長：馬孝先

1950年　清真馬義興菜館　漢昌路13號　代理：馬孝偉

（1953-1956年　無錫市人民政府交際處負責接待中外穆斯林代表團
　　　　和西北少數民族代表團）

（1956-1964年　公私合營伊斯蘭食堂、伊斯蘭食堂惠山分店及回民
　　飯店三家副總經理之職）

2　房產：

1935年　造大洋房一幢	無錫廣勤一支路64號
1947年　購樓房一座	通惠路8號
1948年　購穎上縣房產十數間	安徽穎上縣東關

3　地產：

1931年　購土地2畝	無錫廣勤一支路64號
1945-1948年　購土地累計450畝	安徽穎上縣境內

4　公益：

1919年　建水塔供居民	漢昌路12號
1920年　造寺院為穆民	長慶路250號
1921年　投房產為回民	蘇州市內
20年代初　立錫山回民公墓	錫山腳下
1934年　築廣勤一支路	周山浜
40年代初　資建菜工小學	東鶴鳴里
1950年　建青龍山回民公墓	青龍山麓
1956年　辦伊斯蘭食堂	公園路
歷年散乜貼樂善行施	清真寺

一九六一年慶賀父親七十壽辰合家歡於八八口

前坐左起：孝英、蔣芝華、楊瑞芝、壽星、孝申、孝杰、孝菁、筆者
後站左起：曉容、寶珍、楊志勤、孝先、劉平俊、孝明、孝基、筆者

　　上述這份產業錄是公與親朋好友、同仁員工近百人共同創造的社會財富，反映了回漢兄弟民族的勤勞勇敢的優秀品質，並折射出回回民族的善良質樸的民族本性。現公之子女、孫輩、曾孫等已共計一百五十人之眾，子孫滿堂也。其中高中級職稱的教授、教師、工程師、醫生、院長、律師、省處幹部等不下於三十人之多；歷次運動積極響應國家號召支援大西北、支疆、上山下鄉、插隊落戶以及參幹參軍者亦有二十人之眾；投資經商或留學於香港、美國、德國、俄國、英國、新西蘭和加拿大等國的也有數人。公總是首當其衝鼓勵後輩，從不拖後腿，常訓道：「路在你腳下，自己去爭闖！」

　　每次後輩進入新單位之前，公經常嘮叨的是一則《三個人》的小故事，以示珍惜自己的崗位，小小故事梗概：

　　在失業工人介紹所有甲乙丙三人同去登記，三人均一一被錄用並派往同一個廠裏工作。廠勞工科安排甲打掃廠區園內；乙打掃大樓的清潔；丙則打掃廠區的廁所，甲乙兩人心安理得，因為掃地總比掃廁所好。可丙不氣餒，畢竟有了一份工作。可是第一天甲未去報到上班，第二天乙也不去上班了，理由太苦。第三天唯獨丙繼續認真工作。三天過後，廠長直接約見丙談話，並調至倉庫當保管員，不多日又提升為採購員。您想當保管員瞭解了物資，提升採購員了解物資的價格，這種人怎麼不啟用呢？沒過多少時日，果不其然當上了廠長助手——供銷科長。

　　這個故事告誡後代，目光要放遠，才能與機遇並存。只有「第一不怕，第二認真，才能取得成就。」這種言傳身教賽過金玉良言，公之用心是何等良苦啊。

二十九　穆斯林百年來第一強人——優素福・馬忠順成功秘笈

　　古人訓「有志者事竟成」。橫跨兩個世紀數朝代，縱貫公之一生事業有成的秘笈，現分別從理念、事業、經營和生活等四方面告知列位，以剖析公怎樣從一個建築童工到一代少數民族著名愛國實業家的心路歷程。

　　1.**理念上**：上天有真主聖人，心中有妻子兒女，身邊有員工老表，試問有什麼事不可辦？有什麼業不可立？此為公睿慧獨運，故而做什麼成什麼，辦什麼興什麼。其常曰：「謀事在人，成事在主（真主），難住我馬三者，一沒出世，二已去逝。」乍看藐視有些「狂」氣，但確實是公之心路歷程的縮影。由此可見精神會轉變物質，一經確定其會以不變應萬變的氣慨力求完美。例如「名店有名師，名師托名店」，乃公之立店之本，事業之根。其倡導少說空話，多辦實事。其出自《馬氏家族》的傳世族訓與家規，現公佈於眾以饗諸君：「傳家有訓憑厚道，處世無奇靠誠心。」厚道與誠心是一切事業之基石，商德即是其中之一。故而，有時成功與失敗就在一念之差，筆者同意這樣的哲學觀點，換言之，失敗是成功之母，要成功理念必不可少。

　　2.**事業上**：遵循經商法則——人無我有，人有我優，人優我廉，人廉我轉。公在「商德第一」的宗旨下，默默地創造並運用了這條發展規律，不敢是列項目，投資金，選地址，用人才等諸多方面都凌駕於行業之首，成為同行中的佼佼者。公出新，出奇，出異，出特，一言蔽之在十里洋場的打工，得益於有軌電車公司法國老闆的管理，使公終身受益匪淺，這就是公自詡的「社會大學」。成功了，利潤如何配置？公早已胸有成竹。即三分之一繼續投資項目發展；三分之一購置房地產；餘及的三分之一買古董字畫之類藏品，簡而易之，就是公

的「三三制」。其初衷：「東方不亮西方亮，黑了南方有北方。」說得通俗一點──別把雞蛋裝在一個籃裏！

3. **經營上**：勤儉節約，謹慎借貸。歷代商界都喜歡把「業精於勤，成功由儉」來鞭策自己，激勵自己，以圖發展騰達。因為「勤是搖錢樹，儉是聚寶盆」，這是公之座右銘，深埋心田。其把「開源節流」口語化，屢屢教導員工以「一多不多，十多許多」這樣實淺顯的道理及自身的教訓和體會頻傳於人。其之哲理是有多少錢辦多大事，絕不寅吃卯糧。即使是錦衣玉食之時，也要以粗茶淡飯來過，目光放得遠大，不為蠅頭小利，更決不急功近利。在用人上屬大家風範──用人不疑，疑人不用的原則，故深得員工信賴，憑此口碑則呼朋引伴廣納人才。這裏聯想起酬薪一事。就職工工資而論，公直言而侃，工資是養家餬口的活命錢、血汗錢，則優於發展項目，只拖時辰，不拖日期。公疾呼：「民以食為天，居家過日子不易啊，開門七件事樣樣少不了。古人云『飽漢不知餓漢飢』，兄弟們我是過來人……付不出工資或拖欠工資就別當老闆，就是借或當也要付！」這擲地有聲的話語怎不感人肺腑？！難怪在馬復興菜館關門停業之際，職工們含淚而語：「師傅啊，馬復興再開門我們還是要回來的。」可見公之人格已深入人心。

4. **生活上**：嚴以律己，寬厚待人，不卑不亢。公一生不求聞達，潔身自愛，遠離菸酒鴉片，拒絕賭博，斷絕秦樓楚館。列位，須知漢昌路前有嚮導社（高級妓女），後有九神里（妓女），是個醉生夢死的地方，賭坊、煙館比比皆是。由此「出淤泥而不染」是何等不易啊，而且是身教重於言教，帶好百名職工不算，還要為家屬子女負責，更是難於上青天。公一生因建築童工而患疝氣，經普仁醫院李克洛院長為其手術後很少生病。公喜愛運動，如登山，玩石擔、石鎖，踢毽子等，一踢就是成百上千，毽子在其腳上則得心應「腳」，好不自在。

直抵古稀之年尚能踢個不休。您可不信，八旬高齡之叟竟不知什麼是
頭痛？什麼是補藥？按公之論點：喜歡吃的就是補藥。對了，筆者行
筆至此，突然想到公秘而不宣的詩句陪伴其一生：我心情舒暢神態自
如，我飄飄欲仙如入雲中，我氣血運行脈絡暢通，我意守真主靜極生
動。換言之，藥補不如食補，食補不如動補也。

　　總括而言之，公在教務上是一個虔敬的伊斯蘭教徒；在政務上是
一個一諾千金的正統人物；在業務上是一個實實在在的工作狂；在家
務中是一個稱職的好父親，偉丈夫；在公益事業上是一位首當其衝的
穆斯林領軍人物。

　　綜上所述，創業不僅僅是創造物質財富，而創業過程本身亦是一
筆寶貴財富，無論成功與否，它都是人生道路中的一次寶貴的歷練。
阿拉伯諺語中廣傳這樣的至理名言：天不言自高，地無言自厚，這正
是馬公一生之寫照也。

　　優素福‧馬忠順成功之秘笈到底是什麼？用他言作答：「人在世
不是享受，而是要付出沉重的勞動，以造福子孫。」一言概括之：人
家說了再做；他是做了再說。人家說了不一定做；他是做了不一定
說。這便是傳奇人物──中國實業家──無錫穆斯林百年來第一巨賈
成功之秘笈也。

　　親愛的讀者，請允許執筆者引用《資本論》作者的原話：

　　　人的價值蘊藏在人的才能之中。

──卡爾‧馬克思

三十　八旬盈禮：著名愛國人士——三○八部隊軍車開道送殯

　　歷史總有沉積處，好人必有好報時。舉世矚目的無產階級文化大革命在撥亂反正的當刻——一九七二年二月二十日，一畝六分的大園內，老泡桐樹上成雙的喜鵲鬧喳喳，母親說是吉事，果然當日公頃接市里通知：

> 遵照市委指示精神，於二月二十三日起在本市愛國人士中傳達中共中央四號文件，時間五天左右，地點在無錫師範，請通知你單位馬忠順（廣勤一支路64號）於二十三日上午八時前往參加為荷。
>
> 　　　　　　　　　　　　　　　　　　民政系統革委會
> 　　　　　　　　　　　　　一九七二年二月二十日（公章）

　　好事成雙，十個月以後，祥事降臨，即一九七二年十二月十八日公又接市里通知：

> 現定於十二月二十一日上午七時半起，召開市一級愛國人士會議，預定兩天，地點在公園路十二號。請你單位馬忠順參加。住廣勤一支路六十四號。
>
> 　　　　　　　　　　　　　　　　無錫市民政系統革委會
> 　　　　　　　　　　　　　一九七二年十二月十八日（公章）

　　好一個絕妙的「市一級愛國人士」——這不是「平反」的「平反」，這無聲的語言勝似千言萬語，萬語千言，這對一生熱衷於實業

和公益事業而不圖回報的河南馬氏家族第十三世馬公忠順未蓋棺而先定論，這是社會對公之認可，這是人民對公之褒獎，這是歷史對公之評價——八十華誕的生日盈禮——最高的獎賞。

「時光似流水，歲月不饒人」。這便是馬公生前只爭朝夕的口頭禪。

給市一級愛國人士馬忠順的會議通知

追溯馬公忠順一生，由童工到駕駛員，從駕駛員到商賈，直到愛國人士——無錫百年來第一個穆斯林實業家。

他是如何一路闖關而來的？

自清末始，迄民國止，從河南避澇上海，由上海考察無錫，經無錫開發安徽；抗日敵偽時期，一路以難民身份攜全家歷經合肥、武漢、長沙、廣州、香港、泉州、福州、杭州等地；新中國成立後私人赴南京、蚌埠、徐州、商丘、開封、鄭州、洛陽、西安等地回民聚居區域學習考察民俗民風，專研伊斯蘭飲食文化，取精華，刪糟粕，一切的一切都以備本民族之復興，伊斯蘭飲食文化之延續與發展。

彈指一揮間，半個多世紀的風風雨雨，為穆斯林事業而奮鬥一生，就憑著一顆慈善之心。在回望這位可敬老人之際，他一生創造財富甚巨，可個人消費極微；他一生誠實正直，寬厚大度，淡泊名利，知足常樂，這是為我們後輩流下的最可寶貴的遺產。試問，還有什麼可比擬的？！在謳歌馬公的業績裏，在表彰公益的事業上，在尋覓創業的軌跡中，人們才能真正感悟到他的心跡：不因失去而悔恨，只為奉獻而自樂的精神。

殊可嘉尚後的三載春秋，十一月十四日，公心力交瘁含笑而謝世，隕石落地，哀而無聲，享年八十三歲。回首《古蘭經》：「與艱難相伴的，確是容易，與艱難相伴的，確是容易，當你的事務完畢時，你應當勤勞，你應當向你的主懇求。」彌留之際，公面向西南臨終遺言：「感恩真主……」

噩耗驚人心，唁電寄深情。弔喪人群紛紛自河南、安徽、北京、上海、南京、蘇州、商丘、香港等地絡繹不絕滙集廣勤一支路六十四號九如堂馬氏老宅。悼念之人除子女、孫輩、曾孫輩，還有親朋好友、老表鄰里，以及經公一手調教的徒兒、徒孫們。人們懷著崇敬之心，噙著熱淚為這位傳奇人物的長者舉哀送葬。因為他是一位德高望重的著名愛國人士穆斯林中國實業家。

一九七四年十一月十七日，闔家殊深軫念，欲哭而禁聲，欲哀而無淚。原於當時的歷史背景，正是「冰凍三尺非一日之寒」時，憑藉中國人民解放軍三〇八部隊軍車開道送殯，護送止惠泉山北麓石門下龍舌尖西側，送殯之子、子孫、之重孫共計八十三人也，正是天籟之數，乃雙八十三也，是偶然的巧合，還是真主的前世安排，不得而知……

天漸明，晨曦薄霧中，公之落葬進入天園之際，阿訇做完宗教儀式之後，依次蓋上石刻，當最後一塊石刻欲蓋前，阿訇命見最後一

面，我們三代圍繞墓穴前面默默致哀，但見公首北足南，面向西而偏南，似熟睡一般⋯⋯

面對父親的遺容，筆者油然想起法國名人孟德斯鳩曾講過的一席話：「死者之光榮不在於受時人之讚美，而在於為後人所效法。」多麼精闢絕論的評點！

生離死別好不慘然，唯節哀順變。讓我們後代評說父輩之公德，其高風亮節的氣度，足以撫慰心中之悲哀。馬公忠順本有一副好脾氣，你不惹他，他決不惹你，但是你若惹動他，他也毫不遷就，顯然是有一定主見而決心堅強鐵骨錚錚的漢子。在一面是懸岩，一面是深淵的狹路上，他孑然鋌而走險，義無反顧，決不回轉，也無法使他回轉。真主之真諦，安拉之慧眼，聖人之指訓，誠然使公從一個建築童工造就成一代回族著名愛國實業家。印證了孟子之曰：「天將降大任於斯人也，必先苦其心志，勞其筋骨，餓其體膚，空乏其身⋯⋯」

主人公部分遺物

吳良才金絲平光鏡及盒

折扇

水晶石

歐米茄　掛錶

老職員江立成贈鳥籠

交際處長張養生贈「喜鵲望梅」

回眸麥加

三十一　先穆民之憂，後穆民之樂──廖倫：「馬復興，馬之王者也！」

展示陳封的史實，揭開歷史的經緯，公一生以「商德為本，教義為旨」，致力於伊斯蘭實業，心繫穆斯林同胞，世人有目共睹，有耳同聞。自始創馬復興字號以來，在其數十年的歷史時空中，歷盡滄桑艱辛，深含喜怒哀樂憂思恐。別看他是一尊大男子，也會流淚，而且感情豐富充沛且真實，不過他是偷偷地傷心落淚，從不在旁人面前。實屬俠骨柔腸範疇之人物。

在大庭廣眾前，公曾接待過高級將領及首長、政府要員、文化名人、實業巨賈、名醫院長等等社會名流，彌足珍貴的歷史評鑑和友好結交斯當寶貴的文化遺產，實為後世傳頌之。因為公之職業為其定德，「厚德載物」最確切不過了，馬公忠順確確實實，實實確確為無錫百年來回族的發展史中不僅僅是名列前茅，而是首屈一指的人物──前無古人，今無來者。是無錫近代商業史上不可缺失的人物。公以一代人的拼搏勝似幾代人的氣概，彰顯了為穆斯林事業奮鬥一生的愛國實業家，被稱之謂傳奇人物，正統人物，譽滿豫滬蘇皖，名冠京滬一線。

一些作家往往喜歡引用古代大文豪范仲淹的「先天下之憂而憂，後天下之樂而樂」，來贊頌自己筆下的偉大人物。然而，本書的主人公：優素福‧馬忠順不具備這條件，亦無此天賦，他只是一介布衣平民、草根庶人，談不上縱觀天下，運籌帷幄。但在穆斯林中，他可以做到，而且已經做到：先穆民之憂而憂，後穆民之樂而樂。且看祖輩馬存福為其取的經名──優素福，就有深層含義，這裏讓列位自己去品名其原意吧！

回首往事憑心而論。民國年間，身為清真寺第一任董事長，與廖

倫縣長磋商，據理力爭為回民爭得了先期的「回民公墓」（現錫惠公園下起噴水池處，上至九龍壁）；共和國時期，原公墓悉數被徵用，作為少數民族代表、一至五屆市政協委員的公，又向包厚昌市長單獨提議，從而選擇並遷移到青龍山麓，一而再地建「回民公墓」從而解決全市穆民最後歸宿之地，值得相慶祝賀之。列位，這位老人家奔波來，奔波去，數十年的忙忙碌碌，碌碌忙忙，我們可敬的伊斯蘭精英，穆斯林楷模，實業家典範，他的「天園」在哪裏？! 他的歸宿在何方？!「雙手空空來，兩袖清風歸」，何處覓葬地？敬請閣下從文中尋找答案吧，總之是為了他人，為了子孫，忘卻了自己。不僅未入公墓，就連夫妻同穴的權利都被剝奪了。怎不叫人泣血？!

這裏可點可圈的當然是最後結局圓了他老人家的先穆民之憂而憂，後穆民之樂而樂的心願，但作為後輩，尤其是他的兒女們在心靈上烙下了永遠無法彌補的傷痕和痛楚，歎，歎，歎！

傳記文學接近尾聲，人們不禁要動問「馬復興金字招牌之來歷？」問得好，且聽筆者把招牌來歷之始末一一徐徐道來。「馬復興」為馬公忠順所題，馬公忠順為馬復興創造業績。這裏值得一提的是金字招牌的墨寶還有一段鮮為人知的軼事：

公好交友結朋，這是其性格豁達使然。公與清末無錫縣承、民國第一任縣長廖倫先生情誼篤厚。廖縣長四川人也，一代書法大家。公元一八九一年無錫黿頭渚風景名勝處有兩處摩崖石刻「包孕吳越」、「橫云」即出自廖先生之手，墨寶則流芳百世，供人瞻仰。

民國建國後的一個金秋之夜，廖先生在馬復興用完晚餐，沾酒而飯飽之餘主動對公曰；「馬老闆，乘吾今酒興為您重寫招牌以謝您忱情款待，略表心意，可好？」

公喜曰：「那敢情好，我正求之不得縣長的墨寶呢。」旋即命堂倌取來文房四寶。

廖縣長遜色曰：「獻醜了。」說完揮毫潑墨一蹴而就。

但見宣紙上斗大的三個字：馬復興。

忠順題，廖倫書馬復興金字招牌

前面交代過，公因水澇從小未進私塾學堂，後因童工而未繼學，故而笆斗大的字認不了幾個，然而自己的字號哪有不認得的？他狐疑了片刻才說：「廖縣長，今天的酒把您醉了吧？」

縣長擱筆又呷了一口自沽白酒：「哪裡，醉？哈哈哈，再沽半斤也扳不倒廖某。」

「那這是個什麼字呀？」公指著「馬」這個字。

「您不認得它？它卻認得您！這分明是『馬』字啊。」縣長泰然笑而答道。

「？」公比劃著，猶如丈二金剛摸不著頭，半晌才說，「這馬怎麼沒頭沒臉？!」

縣長頷之，左手舉杯飲酒，右手食指蘸到硯臺中，不緊不慢地用食指書「王」字補在「馬」字上，笑呵呵地說：「您倒說說看，我用手指蘸墨補上的不是「〒」，而是不出頭的「王」字，這意味著什麼？」

「噢──」公幡然領悟。

「您這匹馬啊，將是領頭的馬，馬之王者也！」縣長高亢吟頌。

「託廖縣長大人吉言，禱告主！」

……

第二章
評點

一 無錫馬復興清真教門館——歷史掌故之《無錫老字號》

　　宣統三年（1911），無錫火車站開闢不久，進城通道「通運橋」當時還是一座簡易的木橋。通運路即後來無錫最繁華的地區，被無錫人稱為馬路上，還是一片荒蕪的蘆葦地，不遠處的西村還是典型的農

村。就在這一年，一個名叫馬忠順的回民，河南周口人，相中了離通運橋不遠的地方，開設起一家名叫「馬復興」的清真教門館，專門供應以牛、羊肉和雞、鴨為主的伊斯蘭食品。未幾，「辛亥革命」爆發，無錫「光復」。民國元年（1912），在老北門與東門間新開了「光復門」。從火車站到光復門之間，開拓了一條較寬闊的馬路，原來的荒墳野地、西村農舍都逐漸被新興的旅社、遊樂場所替代。馬復興清真教門館所在地門前的馬路，命名為漢昌路，連接光復路直達城內。這裏是火車站旅客下車後進城的捷徑，黃包車、自行車等交通工具都可通行。通運路各旅社的旅客，新世界等遊樂場的遊客，都是馬復興眾多的客源。不幾年，馬復興便從一家不起眼的小店，迅速發展成為三間門面的大店。

馬忠順生於清光緒十八年（1892），是一位伊斯蘭教徒，年輕時在上海經營清真教門館，滬寧鐵路開通後，富有商業頭腦的他認為無錫地處滬寧鐵路中心點，京杭大運河貫通全境，水陸交通便利，又有繁榮的米市，商機潛力很大。他覺得在上海經營遠不如到無錫發展有前途，便決定帶了幾位有經驗的廚師到無錫來闖天下。到無錫後選擇店址時，他不選擇已有一定市口的北塘和城中心地段，而選在當時還是一片荒蕪的通運路附近。後來的實踐證明，馬忠順的決定是正確的，因此他也成功了。

伊斯蘭教徒的飲食有著嚴格的規定和限制，教徒絕對不允許吃「外葷」。所謂外葷是指豬肉、狗肉等非牛、羊之類的，清真教門館也在營業場所的醒目處，掛著「本店清真、外菜莫入」的牌子，提醒食客。

馬復興從開業之日起，對供應的菜餚把關非常嚴格。馬忠順原籍河南，河南飼養的黃牛全國有名，肉質鮮嫩。馬復興還有一套燒煮醬牛肉的特殊工藝，包括牛肉入缸鹽漬時放鹽的比例，醃牛肉的時間，

入鍋投入佐料調味，以及火候都有嚴格的程序。曾對本市餐飲業頗具影響的鄭漢鑫先生坦言：他們所掌握燒製醬牛肉的技術，還是獨一無二的。馬復興雖已關停了數十年，可馬家還保存著一塊「馬復興」的老招牌以及醃牛肉的陶缸和盆、碗等器皿。

馬復興清真教門館的名菜有紅燒牛肉、黃燜牛肉、炒肚令、炒牛筋、清水羊肉等。在秋末冬初肥羊上市後，馬復興將整隻宰好的肥羊（精選的胡羊、羯羊）懸掛在店門前，吃客可以指定羊身上任何部位，加工成各種佳餚，或任意挑選最佳部位的羊肉由廚師切成整齊、薄如蟬翼的肉片涮著吃，還可以製成「全羊宴」招待賓客。

馬復興清真館的冷菜，堪稱絕品，乾切牛肉是招牌產品，肥嫩的鹽水鴨，油汪汪的油雞風味獨特。最受酒客歡迎的便是雞翅、雞爪、鴨掌、鴨翅，清香鮮嫩，是下酒的最佳美味，售價在當時還真不貴，一斤的代價照現在來講不過五元錢吧！有時還可以買到鴨中珍品鴨舌，價格略高於雞翅、鴨掌而已。

到清真教門館去就餐，主食並不是米飯，而是牛肉麵。一陣麻油香撲鼻而來，使你食慾大開。在教門館就餐時，絕對不會因菜餚過於肥膩，而使吃客倒胃而不想吃主食，這是清真教門館最大的特點。

馬復興從早上開門起便供應早點，經濟條件好的，叫上一碗牛肉線粉湯，外加一個又酥、又軟、又香的上面有一層芝麻的餅，無錫人叫它「油餅」，花費也不多。最令人難忘的是店門前從早到晚都架著爐灶，灶上的平底煎鍋中煎著用新鮮牛肉加上少量洋蔥作餡心的「牛肉包子」和「牛肉鍋貼」，這種既鮮美好吃又耐饑的食品，售價每只三分，當時的大餅每只還要三分錢，這種價廉物美的食品，放到現在也是難以令人置信的。

馬忠順經營「馬復興清真教門館」雖取得巨大成就，也使他賺到了很多錢，但他並不滿足於經營一家字號，不久，他便在北塘大街小

泗房弄口開了一家馬復興的分店。伊斯蘭教對宰殺牲口有嚴格規定，必須要由伊斯蘭教中的阿訇執刀宰死牲口後，方可以開剝，於是為了嚴格執行教規，馬忠順便在火車站附近廣勤一支路開了一家「馬復興宰牛公司」。「宰牛坊」這個地名，老無錫多數是知道的。

馬忠順不但經營與牛有關的企業，他還搞起了多種經營。在通運路上最熱鬧的路段，開設了一家頗具規模的「天一池」浴室，他對自己的子女也刻意培養，二兒子馬孝杰是個醫生，三兒子馬孝春對鐘錶頗有研究，他便在通惠路八號樓上、樓下開設了「馬氏診所」和「馬得利鐘錶店」。

在伊斯蘭教無錫協會中，馬忠順擔任著重要職務，他為教民也辦了很多公益事業，他在周山浜廣勤一支路六十四號建造了九如堂洋房馬家大住宅，曾廣泛接待過外地來錫的教民。他又在錫山南麓辦了「回民公墓」。上世紀五〇年代錫惠公園興建時，為了建園需要，這塊墓地在徵用之列。最後錫惠公園為了尊重少數民族習俗，在原回民公墓墓地上不建造房舍，而是建造了一個噴水池。

馬忠順是一位熱愛祖國的伊斯蘭教教徒，一九五一年他便將廣勤一支路六十四號的住宅捐獻給人民政府，這裏曾作為無錫市第二區（後來的工運區）人民政府所在地。政府作為回報，由當時的市領導包厚昌指示撥給公園路兩間店面，由馬忠順負責開辦了「伊斯蘭食堂」。這家「伊斯蘭食堂」完全繼承了清真教門館的傳統特色，在當時無錫市餐飲業一片蕭條的大環境下，這裏生意獨好，座上客常爆滿。著名京劇演員馬連良也是伊斯蘭教徒，五〇年代兩次來錫，在當時的人民大會堂演出。演出期間便在「伊斯蘭食堂」就餐，在「天一池」浴室洗澡。

《無錫老字號》主編　　孫炳卿

二〇〇九年六月

二　被人遺忘的老字號餐館——清真馬復興、馬永興菜館

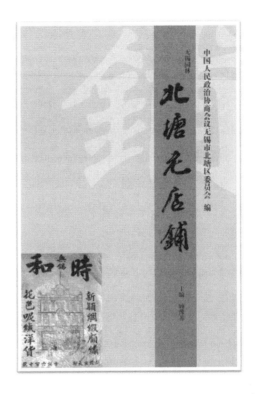

編者按：馬復興和馬永興的主人均是一九一一年上海合作創始馬復興包子鋪的店主，分別是兄弟。馬復興為三房馬忠順先生經營；馬永興為大房馬忠魁和四房馬忠信兩位先生合作經營的。復興在前，永興在後。

現在提起無錫餐飲業中的老字號，多數人只記得聚豐園、聚鑫園、狀元樓、迎賓樓、喜福樓等經營錫幫菜的菜館，對伊斯蘭教教徒經營的清真門教館馬復興和馬永興二家，似乎都已遺忘了。

上世紀一○年代中後期，無錫城內外各有一家清真教門館，開在

光復門城外漢昌路的那家叫馬復興，開在城內崇安寺寺後門的那家叫馬永興。寺後門只是崇安寺的一條小巷，毗鄰便是當時的崇安寺中心小學，小學前便是崇安寺的大雄寶殿。抗戰前的大雄寶殿，香火鼎盛。佛教重地邊開了一家伊斯蘭教（當時無錫人叫回教）的餐館，引起佛教徒的異議。

馬復興、馬永興初創的時候，規模不大，僅供應牛肉包子、牛肉餃子、牛肉線粉湯、牛肉麵等點心。豬肉屬於伊斯蘭教的禁忌，外葷（豬肉）是不允許吃客帶進店內的。所以清真教門館經營的食品都用麻油。無錫食客吃膩了豬油做佐料的食品，這兩家店倒很受歡迎。

一九三八年，中山路建成，馬永興清真教門館從寺後門巷內遷到中山路上的寺後門口，門面包括中山路二間。巷內轉彎處，又設了樓座，經營品種也大幅增加。除牛肉包子、牛肉餃子、牛肉線粉湯、牛肉麵之外，增加了伊斯蘭教的傳統名菜如黃燜牛肉、黃燜羊肉、炒肚令（牛肚中的最厚處）、炒牛什等。冬天羊肉上市的季節，更是將殺好的大肥羊掛在店門口，任顧客挑選，現割現做，加工成薄紙一樣的羊肉片，在桌上架起火盆吃起了涮羊肉，那時的鍋底僅僅是白菜和線粉，但是一餐涮羊肉吃下來，其湯之鮮美，用味精和調味料製作是遠遠及不上的。清真教門館燒煮的各種羊肉菜餚，有其獨特的妙招，絲毫沒一點羊膻味。很多女士也很鍾情羊肉菜餚，其中一味紅燒羊肉，肥而不膩，使你吃了還想吃。

兩家的燒鴨子、鹽水鴨、油雞，鮮、嫩、香，是最好的下酒菜。一九四七年初，我在《導報》工作，每天下午必到馬永興處去買一大包雞翅、鴨翅、雞爪、鴨掌。每次約兩斤左右，用現在的人民幣計算，不過五、六元錢，帶到辦公室和共編《市場行情》的宋武炳先生共享。宋是一個酒量奇大的新聞作者，我倆每天邊編、邊吃，是一大樂事。

　　上世紀五〇年代，馬復興和馬永興都併入公園路上的伊斯蘭食堂，那些伊斯蘭傳統名菜繼續在這裏供應，也火紅了一陣。「文革」前這些特色菜便逐漸消失了！

　　這些曾使一些「美食家」喜愛的伊斯蘭傳統名菜，希望在無錫餐飲業中能恢復供應。

《北塘老店鋪》撰稿　華鈺麟

二〇〇九年九月

三　伊斯蘭麵店前身馬復興──馬忠順任三店副總經理

編者按：伊斯蘭食堂分城中總店和惠山分店，後由食堂改名為
伊斯蘭麵店和分店以及回民飯店三家清真餐廳，馬公受包市長
委派任三家副總經理，一直到改名伊斯蘭菜館。

　　伊斯蘭麵店是無錫市區主要的清真餐館。地處崇安寺。一九一一
年創辦，原名清真馬復興菜館。一九五三年由蘇州來錫的六名回民合
股租賃，改名伊斯蘭食堂。一九五六年改為伊斯蘭麵店。主要經營清
真麵，有湯、拌、炒、削等多種。並供應牛肉鍋貼、水餃、包子、酸

辣湯等點心和傳統伊斯蘭菜餚。以講究質量，注重服務著稱，曾被評為江蘇省先進單位和無錫市最佳商店。

七〇年代崇安寺照，右側即伊斯蘭麵店

《太湖文化研究會》會長　浦學坤

二〇〇四年十月

第三章
弘拓

一 弘揚與開拓為馬氏實業——學商、合作、實施、發展、競爭

「馬復興」字號就是這樣披荊斬棘一路走來，轉眼已是百年盛世。

《論語・子路》一文中，孔子曰：「言必信，行必果。」意思是說，講話必定守信用，行動必定堅決、果斷。公常用此言勉勵晚輩，故而人才輩出，產業提發。此乃公之積德所為，公之隱護所制。

「退教從商」須有一個學習的過程，常言道「隔行如隔山」。一九九一年一個偶然的機會，筆者應聘南京香港城購物中心，出任副總經理。真主給了我一個學習經商的機遇，兩年內在商海的浮沉博弈中取得了良好的成績。

一九九三年，首度打出馬復興經銷商的招牌與江蘇滙豐實業總公司蔣宏斌總裁和香港豐隆商貿公司李國強經理合作開發「凱思」品牌的羊毛、羊絨製品，將多年外銷產品轉內銷，負責江蘇省省內的營銷，分別在心族百貨、上海精品商廈、白天鵝商廈、精品城、商業大廈等分設專櫃或包廂，並在心族百貨公司親自設計製作大型櫥窗廣告和產品廣告詞：凱旋夜難安，思忖再而三，以何謝國人？！凱思羊絨衫。

在學商合作過程中，弘揚開拓馬氏實業之風範，牢牢掌握以德為經商之道。

一九九八年，在改革開放的大潮中，馬氏實業再次復興，馬復興鐘錶工藝館在公園路十四號蘭花樓二十七、二十八號相繼問世。

翌年馬氏資金又一次打入伊斯蘭菜館，成為三分之一股股東。並效法馬復興食品工藝，提議鍋貼要有鹵；酸辣湯中要放雞蛋；麵條中有香油⋯⋯二十一世紀開創的第二春，無錫市馬復興（國際）商貿有限公司在崇安區領導的關注下，正式面世，司址：人民中路一六三號六〇〇至六〇一室。

馬氏實業發展之一

南京香港城購物中心總經理室

凱旋夜難安，思忖再而三，以何謝國人?! 凱思羊絨衫。
——馬復興經銷商設計製作的廣告窗

羊絨衫在心族百貨之包廂　　　羊絨衫在上海精品商廈之專櫃

羊絨衫在白天鵝百貨之專櫃　　　　　羊絨衫在無錫精品城

　　二〇〇八年，公始創的「馬復興」，公司已註冊香港，品牌打入國際市場，為無錫少數民族中第一個參與國際競爭的公司。君不見在美國紐約波士頓的針紡織品市場中 My・FOR-TUNE 已為共和國佔有一席之地，飄洋過海的馬復興並小有名氣。這是一百年來後輩繼承並弘揚了馬氏家族之精神而開拓取進的結果。

　　二〇〇九年，馬復興公司又在永定巷一號全力籌建藝術培訓中心。為社會培養鋼琴、聲樂、器樂、書法、舞蹈、美術人才。百歲壽誕將至，屆時邀請諸位光臨指教。

公司董事會：李宜華、馬孝平、馬克、張均、馬旦希、陳曉駿

華平

二〇〇八年六月十六日

馬氏實業發展之二

馬復興鐘錶工藝館

馬復興商貿有限公司
（人民中路163號）

馬復興商貿公司門市部

馬復興公司樂意藝術培訓
（永定巷1號）

馬復興鐘錶館章　無錫馬復興商貿　香港 MyFoRTUNE.CO 章
有限公司章

二　繼承父業為無錫留財富——鐘錶收藏家的人生追求

　　馬復興鐘錶工藝館外表很不起眼，四十來個平方，縮在城中公園後門跟皇亭小吃店之間的一條短巷子裏。

　　店主人叫阿卜杜拉‧馬孝平，一位虔誠的伊斯蘭教徒。退休前在市江南中學教書。這家鐘錶館跟主人一樣，透著濃濃的一股書卷氣。

　　店堂內的東牆掛著一幅魯迅畫像和幾幅精美的書畫。正面牆上掛著的是京劇表演藝術家梅蘭芳親筆題詞的長卷：為實現第一個五年計畫而奮鬥。櫃臺內擺放著琳瑯滿目的各式各樣不同年代的鐘錶，不下百餘只。據馬老師介紹，他個人收藏的鐘錶已有數百只。這些大大小小的鐘錶似乎都在講述著一個個不平凡的動人故事。在藏品中，最有意義的是一只一九二一年生產，因紀念辛亥革命勝利十週年特別為當時民國政府主席林森先生專門製造的一只瑞士超級宮廷名錶：瓦切龍‧江詩坦汀。目前，這錶在國內尚屬首次發現。

　　馬老師告訴記者，他開鐘錶館不是為了修錶賣錶，而是想實現自己的一個夢。把目前這家店辦成一家鐘錶工藝館。用他的話說：「繼承父業為無錫留筆財富。」所以，他經營中有一個原則，好錶不賣給外地人。前不久，一位新加坡客商要以高價買一只南京紅木扦屏鐘，就被他婉言拒絕。他說，這些東西一旦流出無錫就很難再回來。無錫經濟發達，文化也不能落後。他對老圖書館那只百年老鐘改為石英鐘一直傷心惋惜。它應該是我們無錫人的財富啊！前人造出而我們後人無法修理真是一種悲哀。

　　馬老師對鐘錶的愛好和興趣，得自家庭的薰陶。他的父親和哥哥都是這方面的行家裏手。他從十四歲起就喜歡上了鐘錶修理和珍藏。他告訴我，跟其他收藏相比，像玉器書畫等古董，鐘錶收藏除了藝術性外，還具有科學性和實用性。鐘錶是科學藝術和實用收藏的完美集合。一只鐘錶只要勿摔壞，勿銹壞，勿修壞，愛惜使用都可用一輩子。高級名牌錶當然可以傳代收藏之。

　　當記者請教如何鑑賞鐘錶時，他興奮地打開了話匣子。第一步是看外表品相。即錶面、玻璃面、針是否原配；第二步看錶殼頭子是否完整，造型是否獨特新奇；第三步打開錶殼看錶內機器。鑽數較多又能「跑馬」，且又打點報刻者為最佳極品，具有絕對的收藏價值。

　　除了愛好鐘錶修理和收藏外，馬老師還喜愛寫作，目前手裏還有長篇小說《相煎》和電影劇本《屠刀兩端》等。

　　　　　　　　（《華東信息日報》記者毛勤勇，2000年5月18日）

三　弘揚產業，馬復興再復興──記馬復興鐘錶館馬孝平

　　早就聽說無錫有位回族鐘錶收藏家，近日筆者慕名拜訪了這位私營鐘錶館的業主阿卜杜拉·馬孝平。

　　十八歲就踏上講臺的馬孝平是江蘇省魯迅研究會會員，從中學退休後發揮餘熱創辦了集維修、收藏、文化交流為一體的馬復興鐘錶館。鐘錶館開在公園路十四號城中公園側門蘭花樓二十七、二十八號，四十多平方米的店堂，正面牆上掛著百年招牌「清真教門·馬復興」，兩壁為魯迅畫像和梅蘭芳手書，透出一股濃濃的書卷氣。

　　這裏是個鐘錶大世界，世界十二大名錶聚集一堂，大到二點二米高的落地角鐘，小到一釐米見方的醫用錶；珍貴有如百達·翡麗瑞士超級鍍白金短秒錶；稀世有如上世紀限量發行的白銅殼平漢鐵路紀念錶；還有精緻的自動錶和典雅的 14K 玫瑰金星座 OMEGA 情侶對錶……百餘只鐘錶只只都有一段難忘的故事。

　　談到如今的事業，馬孝平老師回想到父親的艱苦創業動情地說：「父親開創『馬復興』老字號，建國初期將多半家業捐給了國家。他的精神使我立志要開辦鐘錶工藝館，為無錫留筆寶貴財富。」如今，

馬老師繼承父業辦起了馬復興商貿有限公司，主要經營鐘錶、百貨五金、針紡織品進出口等。而鐘錶館是馬孝平的最愛，其「以修養藏」的經營方式，在幫助人們解決維修鐘錶疑難問題的同時又收藏各種名鐘錶。在藏品中最有意義的是一只一九二一年為紀念辛亥革命勝利十週年，特別為當時民國政府主席林森先生製造的瑞士超級宮廷名錶。

　　長期接受鐘錶藝術薰陶的馬老師一直追求著一個夢：把這家店辦成一家鐘錶工藝館、文化交流地。他收藏的百年精品吸引著各方有識之士前來交流；有不少人的歷史名錶壞了，無處可配零件，都上門求助馬孝平老師。一九九五年，馬孝平老師攜錶參加上海國際老錶展，獲得了 OMEGA 鑒證書。他說：「古玩雖好，只有藝術性；而鐘錶則集藝術性、科學性、實用性、收藏性為一體，其樂無窮，樂在『動』中。」好一個「動」字，這是其他古玩家只得望錶興歎，難以比擬的。

　　祝願馬復興再次復興。

（《華東信息日報》記者安旭彬，2003年7月21日）

虔跋

謝意、歉意、敬意焉表心意？──「雙手空空來，兩袖清風歸。」

優素福・馬忠順以一代人的氣概，勝似幾代人的搏擊，使我們後輩慚愧而銘記心田。父親沒有波瀾不驚的大事業，可耿直的秉性促使其在第一次踏上無錫的土地就許下了自己的諾言：「我要在漢昌路上讓窮回回亦興盛，真主保祐我馬三！」數十年的商海浮沉，真主庇祐，本人拼搏，更有下列各位職工老表，同仁志士，親朋好友百十人的戮力同心，完成此夙願，齊名王、聚、馬三館鼎立，並列榮商唐賈之後的實業家，為馬氏家族興盛奠定了基礎。壯哉！

為馬復興菜館開天闢地勞苦功高的：唐瑛（房主）、江立成、陳同義、張乾臣、倪福根、段金生、顏金生、楊壽康、滿文治、馬孝剛、陳文祥、袁會計、顧會計、完老表、薛牛、鐵牛、剛牛、孫媽、趙金庫之妻、商丘小四子、小喜子、啞吧、姚老表⋯⋯

為天一池浴室忘我勞動的：陸明達（房主）、胡蘭卿（股東）、趙金庫、朱金榮、朱金學、張永祥、孫加益、徐阿福、胡龍寶、阮龍寶、王伯根、王元喜、張其生、許朝逢、孫財、徐大龍、羅會計、劉阿三、扦腳朱、大三麻子、小三麻子、小六子、姜XX⋯⋯

為馬復興宰牛坊和 A 字奶牛場辛勤耕耘的：楊鶴泉、李阿訇、丁阿訇、丁師娘、丹陽老王、楊壽根；朱蘊山（股東）、朱品山（股東）、馬小姐夫婦、楊歧鼎⋯⋯

支持馬公為清真寺默默奉獻的老表：蔣星阶（施主）、馬忠魁、馬忠德、馬忠信、張阿訇夫婦、劉復初父女、李永昌、李永德、李仲堂、趙伯禮、金紀根、劉吉順、張寶坤、張素貞、陶維德、楊寶豐、馬巧鳳、李長青、馮新祥、陶子江、金二姑娘、金三姑娘、老三姑娘、楊仲輝、戚平海、賣油餃翁……

全力扶持回族同胞發展的領導與同仁：廖倫縣長、白崇禧和虞子孚將軍、薛永輝首長、包厚昌市長、張養生處長、榮德生先生、榮敬德先生、陳才良先生、沙白老師，薛溟生先生、白老表工頭、朱玉亭、戚秘書……

上述列位有名有姓者，有名無姓者，有姓無名者，無名無姓者，或只有渾名者；在世的或謝世的各位前輩、平輩們，筆者當時年幼無法一一記住姓名，然而您們的聲音笑貌，鮮活身影皆印刻在我之大腦皮層上，揮之不去，猶似昨日一般。現假這後記的字裏行間，我謹代表進入天國的嚴父馬忠順，慈母楊瑞芝，大媽馬蔡氏和孝申、孝杰、孝春、孝先兄嫂們，以及在世的各位平輩、晚輩，包括能讓我代表的第二代、第三代、第四代向您們致以由衷的謝意——敬禮！是叔叔、伯伯、阿姨們用畢生辛勤勞作為我們馬氏後裔鋪墊今天的幸福。

由於父親不善辭令，既無文化底蘊，又不求聞達，故而自生自滅，至今默默無聞。使諸君跟隨父親一生而視之碌碌無為，人生的價值與尊嚴悉數被埋沒在百草之中，可惜！據此我馬氏家族在這裏向您們致以深深的歉意——鞠躬！

父親在世所創實業：包子鋪、菜館、浴室、宰牛坊、奶牛場、診所、鐘錶店、汽水廠、宰牛公司等，還有因戰爭而停辦的穆斯林旅館和馬復興養牛場，以及建水塔、造寺院、投房產、立公墓、築道路、辦學校、設食堂、散乜貼等公益事業都無不傾注列位的心血，馬氏的職工、老表，及其為創業提供方便的同仁志士、親朋好友們的子女後人，馬氏家族在這裏謹向您們致以崇高的敬意——擊掌！

　　百次謝意，千次歉意，萬次敬意還是無法表達我們的心意。可歎！為時太晚矣，失足已成千古之恨！願公在天之靈能聆聽子孫、曾孫們的心聲。

　　最後讓我以父訓：「滴水之恩必湧泉相報。」作為馬氏家族的座右銘，以共勉之心結束傳記文學《穆斯林中國實業家》全文，立悼詞昭告馬公後代認祖歸宗，以聊表筆者之心願。

　　「雙手空空來，兩袖清風歸。」這是伊斯蘭精英、穆斯林楷模、實業家典範泰然處世的格言，是何等的氣派。也是一代穆斯林著名愛國實業家：優素福‧馬忠順先生樸實的至理名言，今用此言悼念已故父母永垂不朽，安息吧！親愛的爸爸、媽媽以及兄嫂們。

　　色倆目。

真 主 虔 徒

雙手空空來

兩袖清風歸

穆斯林愛國實業家
優素福‧馬忠順之墓

回聲

傳記主人公之吉祥符：十三──忠、順、齊、全、興、旺博弈建勛

> 馬氏家譜名錄十三代──忠[*]
> 漢昌福地發迹十三號──順
> 品牌牛肉佐料十三味──齊
> 首創酸辣湯材十三樣──全
> 育乾養坤薰陶十三人──興
> 業立店創博弈十三家──旺

　　馬公自清朝宣統叁年白手起家，由此忠、順、齊、全、興、旺全仗真主安排，聖訓指津，祖宗庇祐，故而在浮沉的商海中拚搏建樹功勛。

　　閣下如問及傳記的主旨何意？

　　《穆斯林中國實業家》專為無錫回族百年史中首位著名愛國人士馬忠順先生所編纂的實業家人物傳記，受天之祐，經數載的取刪今大功告成，其宗旨：留住昨天，為了今天，展望明天。斯當傳記之回聲吧。

孝仁義

---

[*] 馬氏世祖馬九豐，依次為雲、世、國、洛、鳴、朝、德、永、大、長、存、忠、孝、仁、義、太、和……

附錄

一　給楊書記衛澤先生的報告[*]

尊敬的楊書記衛澤先生：

事由：請保留市廣勤一支路六十四號九如堂馬宅大洋房壹幢，擬建穆斯林頤養院或恢復百年老店清真馬復興菜館、旅館，為中外穆斯林服務。

座落於市廣勤一支路六十四號的九如堂馬宅，即一幢四又三分之二開間、二層帶閣的清水洋磚的大洋房，坐南背北，近千平方米，園約一畝六分。它是二十世紀三〇年代由穆斯林馬忠順先生出資，委託上海著名營造商匯同高級設計師建造的中西合璧商住兩用房。其特點如下：

1. 基礎：水泥黃沙和大黃石，鋼筋水泥框架結構；
2. 外貌：A、大院落高圍牆，B、大曬臺高層差，C、兩造間內走廊，D、二層挑出底層，E、清水牆水泥砌，F、山牆尖帶窗戶；
3. 內部：A、大車庫亭子間，B、高閣樓設天窗，C、杉木櫸花旗板，D、煙道在牆壁中。

由此可見，這是當時最時尚的代表建築，鶴立於周山浜地區。

戰亂使業已竣工的大宅遭難，輾轉香港逃難返錫，儲藏的建築裝修材料洗劫一空，自流井的設備被撬竊，迫使外牆嵌線、內壁裝飾停頓……馬公與新四軍首長薛永輝為莫逆之交，故一解放此宅就租賃給市政府，為二區（工運區）人民政府所在地，歷時數載。屆時為隔打內裝，閣樓及園內的數間輔助建築悉數被拆，用以打造區府；後又無

[*]　楊衛澤2016年被判刑12年6個月，沒收人民幣200萬元。

償給解放軍某部作衛生所之用。

自清朝宣統三年（1911），忠順先生開創清真馬復興包子鋪始，馬公一生以「商德為本，教義為旨」，致力於伊斯蘭事業，心繫穆斯林同胞，皆有目共睹。作為近代少數民族工商業先驅——一代實業家，歷任市政協委員、工商聯委員、清真寺第一任董事長、一解放把三個孩子送入解放軍。在其子孫中，支邊帶頭，下鄉帶頭，支援大西北帶頭……值得一提的是一九五五年馬公毅然決然把奮鬥一生的這幢大洋房，無條件地贈予國家，為一代著名人士中的一段佳話。縱然「文革」的抄家、掛牌、批鬥、掃街也無怨無悔，對國家人民的信任可見一斑。

綜合上情以供參考：

一、該宅為二十世紀三〇年代最時尚的框架式商住兩用房建築。按馬公要求根據伊斯蘭主旨，其建築「華而不麗、實而有惠」。雖經八十年風雨之飄搖仍完好而無大損，斯當後世寶貴遺產，來之不易，存之猶少！尤其是少數民族之產業，偌大的建築實屬罕見。君不聞「窮回回」嗎?!

二、此宅一解放就立為無錫市第二區區政府所在地。對於穩定當時局面，團結、繁榮全區做出了重大貢獻，此為該宅深遠的歷史意義，可供後人紀念瞻仰，這是它的歷史價值之所在。

三、馬公為虔誠的穆斯林，工商地主。從水澇災民到創造此大業，成為一代少數民族實業家，無錫伊斯蘭飲食文化的開拓者，在省市少數民族中屈指可數。況且馬公在市長包厚昌的直接領導下，對接代中外穆斯林及西北少數民族代表團和傳承並發揚伊斯蘭飲食文化中，做出了不可磨滅的貢獻。

四、馬公在黨的感悟下，於一九五六年私房改造前把傾注一生的心血——大洋房主動地、無條件地贈予國家。試問，沒有這等氣魄，焉能做出此壯舉?!此義舉在全市、全省，直至全國也是首屈一指，絕無僅有，可載入少數民族歷史史冊，完善我中華民族之美德。

　　由此可鑒，保留馬氏大洋房有它的建築價值、歷史價值和人文景觀價值。至少在少數民族文明史上佔有一席之地，添上重彩一筆，以彌補空白。謹此懇請有關方面，手下留「宅」。在不影響城市建設的前提下，「保留有價值建築，就是收藏歷史」不知可否？謝謝。

　　如果該宅得以保留，經修繕後包裝，定能煥然一新，為穆斯林服務，就地理位置而言在北廣場西側：

　　1.擬建穆斯林頤養院。解決老年穆斯林的食宿、養老看病諸事，讓他們老有所樂，老有所為，豐富晚年生活，頤養天年，為一大善事也，即公益事業；

　　2.或擬重建百年老店馬復興菜館、旅社，一則以清真招待中外穆斯林同胞及基督人士；二則為少數民族下崗者提供崗位，繼承發揚伊斯蘭飲食文化，即後繼有人，豈不一大美事，一舉多得；

　　3.或開設少數民族博物館，建立回民學校，開辦培訓班、浴室等諸如此類項目，亦未嘗不可，此為馬公夙願。

　　最後請允許我以「先人之財產乃瑰寶，瑰寶之珍惜享後人」呼籲社會能給少數民族房產一席之地，以示紀念，更示我中華民族之團結象徵來結束全文。

　　上述報告草草，是否有當，務請不吝賜教，指正為盼，深致謝意！

　　重申：要求保留此宅，只為紀念，決非收還！！

　　　　　　此致

敬禮

　　　　　　　　　　傳人：無錫市馬復興商貿有限公司（法人）
　　　　　　　　　　　　　原無錫市江南中學退休教師（回族）
　　　　　　　　　　　　　江蘇省魯迅研究會會員
　　　　　　　　　　　　　阿布杜拉・馬孝平
　　　　　　　　　　　　　二〇〇七年十一月十一日

二　給毛市長小平先生的報告*

尊敬的毛市長小平先生：

再請保留廣勤一支路六十四號大洋房一幢。此宅由市一級愛國人士——少數民族（回族）馬忠順於二十世紀三〇年代獨資建造，保留理由如下：

一　建築價值：

此宅為中西合璧的框架式商住兩用大洋房，共四又三分之二開間，二進、二層帶閣（閣與披屋已拆）近千平米；南面大花園佔地一畝六分。當時委託上海著名設計師建造。其特點高大氣派：進口清水磚牆、大園、大門、大曬臺、大車庫、亭子間，門窗地板清一色美國花旗松。為我市最早的框架式商住兩用房之一，鶴立周山浜地區。此宅為不可再生的歷史遺跡。

二　歷史價值：

此宅一解放就立為無錫市第二區人民政府所在地，租賃歷時數載（後改工運區府，最後併入崇安區），對穩定當時鐵路北面的局勢起到重要作用，可供後人紀念瞻仰。同時後又無償給解放軍某部作衛生所。

三　人文價值：

馬公為市一級愛國人士、軍屬、立功家屬（一解放三個兒子參軍）、歷屆市政協委員、市工商聯委員、清真寺董事長、無錫伊斯蘭飲食文化之開拓者，近代少數民族工商業之先驅——一代實業家。開創實體十三家之眾，如菜館、浴室、宰牛坊、奶牛場、診所、鐘錶店、汽水廠等。其中宣統三年的馬復興菜館與王興記、聚豐園所並

---

* 毛小平2011年嚴重違紀，道德敗壞被「雙規」，受賄人民幣57.7萬元。

列；又例一九一九年開設的天一池浴室是無錫最早建立水塔、使用馬達、水泵的企業之一，自來水供應漢昌路地區，並投資房產數處，擁有良田四百五十畝。

四　贈予價值：

馬公在私房改造前曾主動無償地將大宅贈予政府（市長包厚昌），支援少數民族的公益事業，在當時為一代著名人士的一段佳話。

綜上所述，由此可鑒保留此宅有其一定的價值，至少在少數民族文化史上佔有一席之地，以彌補空白。謹此懇請手下留宅。在不影響建設的前提下，「保留有價值建築，就是收藏歷史」不知可否？請指示。

最後請允許以「先人之財產乃瑰寶，瑰寶之珍惜享後人」，再次呼籲社會能給少數民族房產一席之地，以示紀念，更示我中華民族之團結象徵結束全文（詳文於2007年11月11日呈上）。

上述報告是否有當，務請不吝賜教指正為盼，再次致謝！若能保留，擬建少數民族公益事業：博物館、學校、養老院、會所等，此乃我民族之福運也。

附件五份，照片二張，望查收。

　　　　　　　　　　　　　　　　　　　　　　　　　　　致
禮

（豫）馬氏家族第十四代傳人：無錫市馬復興商貿有限公司（法人）
　　　　　　　　原無錫市江南中學退休教師（回族）
　　　　　　　　江蘇省魯迅研究會會員
　　　　　　　　阿布杜拉・馬孝平
　　　　以及十四、十五、十六代數十名後代（附簽名在後）
　　　　　　　　二〇〇八年十月一日

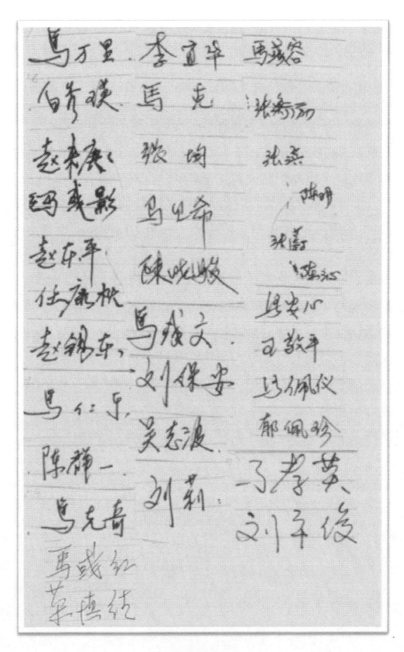

馬氏家族的簽名

三　落實政策，歸還房地產權——一支路64號之一、之二、之三號

四　關於房主自留房證明書

注：既然確為房主馬忠順私有，房主佔比例多少？附圖呢？其一畝六
　　分的大園總不會是別人的吧！

五　崇安區房產管理局意見

无锡市崇安区房产管理局

马克军 马孝荣士：

　　您们另给无锡市房管的领导和另给崇安区房管的领导要求归还广勤一支弄经租房及来信及其他材料的股惠，现复如下：

　　经查：座落无锡市广勤一支弄64、64-1、64-2、64-3号连接房的间，产权人马选顺先生发房屋在一九五X年前，64号房屋由选顺先生及家人自住，64-1、64-2、64-3号房屋出租给众玻璃厂使用，租金每月收讫。

　　一九五八年无锡市开展对私人出租房屋社会主义改造运动时，经马选顺先生本人申请，广勤一支弄64-1、64-2、64-3号楼房间全都经租接管，64号房屋作为自留房仍有马选顺先生及家人自住。

　　依据城乡建设环境保护部（87）城房字53号、（85）城住字8号、国家房产的（64）国房字2号、中共江苏省委（63）城闹字144号、锡民发（91）31号时文件精神求然，马选顺先生名下出租房屋，国家经租接管符合国家规定精神，但接八年马选顺先生家庭人员情况，乞虑当务问题，应适当发还部份自留房，在您们的来访时，我们有关住部门已将

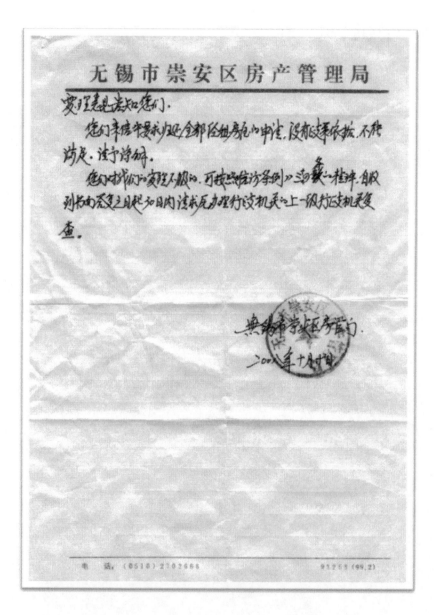

六 關於廣勤一支路六十四號老建築申請為無錫市文物保護單位的報告

一、六十四號老建築的歷史：

家父馬忠順先生在一九三一年購地於無錫火車站正北之廣勤一支路，面積二畝≈一二七七點一平方公尺，至一九三四年破土興建，一九三五年竣工，面北朝南，磚木結構。計前造三點五×八米帶閣兩層樓房四間，二點五×八米帶閣兩層樓房一間。樓間用「牛腿」挑出八十釐米，西邊較狹一間為水泥門框石庫門形式，供汽車進出，層差三點八米，門庭懸掛「清真教門馬復興」招牌，行業為宰牛坊，這是無錫第一家有「刀口」的清真牛肉供應基地。二造樓上有一間專供阿訇和家眷居住的寢室，員工十人。

主樓與副樓間為二點五米寬的樓梯間，副樓與前造等寬的兩層亭子間，頂上為鐵欄杆的大曬臺，最南端為園子，長五十米，後門設碼頭與火車站隔河相望。

北面東西兩頭各有「九如堂馬界」界石一方，南面東西亦有「馬界」石。

二、現狀：

上世紀八〇年代拆去第二造東面第一間兩層亭子間，其餘完好。因原先牆基全用大黃石疊砌，一層上方有腰箍一道。木材全部採用花旗松，清水磚，故十分牢固。一九三七年底日軍飛機轟炸火車站，炸彈落在近旁，而此房圍牆尚安然無恙。數十年的失修仍未出現坼縫。

現靠西兩間住本人弟妹，其餘租住戶均已搬出。

三、房主簡傳：

馬公忠順（1892-1974）籍貫河南周口人氏，回族。一八九八年家鄉水災，兄弟三人逃荒於上海，當建築童工。後由穆民引薦到法國有軌電車公司打雜，做駕駛員。

一九一一年兄弟合夥在滬小沙渡開設馬復興牛肉包子鋪。

一九一六年隻身來錫，在漢昌路十三號開設清真馬復興菜館，經營乾切牛肉、炸牛排、炒筋肚、油雞、烤鴨、糟鵝等清真伊斯蘭系列菜餚。並首創牛肉酸辣湯，風味獨特，膾炙人口，與王興記、聚豐園並列為無錫三大特色餐飲業。

一九一九年開設天一池浴室，開鑿了無錫第一口商用自流井，解決了漢昌路地區的飲水問題，開創了少數民族為無錫公益事業之先河。

一九二二年由無錫穆民推舉，擔任清真寺第一任董事長，主持寺內的一切費用，不僅建寺院，還在蘇州購房產。

一九三五年開辦無錫第一家初具規模的清真馬復興宰牛坊。

一九四〇年開創無錫第一家奶牛場，生產無錫第一瓶 A 字牌鮮牛奶。並捐資建校當監理。

一九四八年在安徽潁上縣置房十餘間，置地四百五十畝，擬做牧場——養牛基地，使養殖、屠宰、加工、乳業系統化。

一九四九年公興高采烈迎解放，市領導非常重視，以愛國人士、少數民族代表身份邀請參加市政協、市工商聯擔任委員。在歷次政治運動中，處處嚴格要求自己，並以三分之一的利潤捐獻買飛機大炮和公債，送三個孩子參軍，成為光榮軍屬和立功家屬。公主動向當地政府交出四百五十畝田單和十餘間房契。

廣勤一支路原是澤地，公與吳家、榮家一同買了石料鋪好地基，築成廣勤一支路。一解放原二區區委、區政府缺少辦公用房，租用廣勤一支路六十四號，至一九五五年，公主動向無錫市包厚昌市長提議，將此宅東面三上三下兩造房屋獻給政府。包市長說：「沒有這條政策啊！」公執意，後收下代管。市長派公多次接待中外穆斯林代表團和西北少數民族代表團，後又委任伊斯蘭食堂及惠山分店和回民飯店三店副總經理，直至一九七四年逝世於此宅西南亭子間。

四、產權變動：

一九八五年崇安房管分局將六十四號房產作經租處理，現查崇安房管分局，產權證仍為馬忠順所有。原租戶均遷出。西首兩間由弟妹居住，餘者暫閒置。

五、申請理由：

廣勤一支路房屋建於一九三五年，型式上兼有石庫門、亭子間式，有風火牆，是比較典型的三〇年代中西合璧的框架式商用兩住房，現這類住宅已不多見，頗具保存價值。

《文物保護法》第二條第五款規定：「反映歷史上各時代、各民族社會制度、社會生產、社會生活的代表性實物，受國家保護。」回族在清代入居無錫，一九〇〇年伊斯蘭教傳入，一九一七年始建清真寺，原寺已拆，二〇〇〇年在體育場橋堍新建。現佛教、道教、天主教、基督教的若干教堂均已列入市文保單位，然清真寺因新建不久，不可能列入，「馬復興」店在無錫開業較早，享於京（寧）滬線，現屋內尚存金字招牌、印章、座鐘、專用器皿、醃禽畜用大缸、二百斤大秤、煙囪等物件。

房主除上述菜館、浴室、宰牛坊、奶牛場之外，還開辦診所、鐘錶店、汽水廠，旅館和牧場因戰爭而告停，作為著名愛國人士、伊斯蘭飲食文化的開拓者，少數民族工商業之先驅──回族一代實業家，故要求將原建築保留，作為市文保單位之一。

現無錫市原有回民四千餘人，加之拉麵館的西北穆民，人數急增，除在清真寺進行宗教儀式之外，也希望保留與伊斯蘭文化有關的店鋪、房舍，做為精神之寄託，對學習先輩之創業精神大有裨益。

如有關領導批准同意，本人願資助整修，修舊如舊，自籌資金重開百年老店，繼承發揚民族傳統。考慮到穆民之風俗習慣，我願在樓上闢一間頤養室照顧老年穆斯林的生活。

附件：十三份

　　　　　　　無錫市馬復興（國際）商貿有限公司（法人）

　　　　　　　原無錫市江南中學退休教師（回族）

　　　　　　　江蘇省魯迅研究會會員

　　　　　　　阿布杜拉・馬孝平

　　　　　　　二〇〇八年十一月十一日

七　呈回副總理良玉先生的一封信

尊敬的中華人民共和國國務院回副總理良玉先生：

色倆目

我們是無錫回民，家父是著名愛國實業家、市政協委員，生前留下三〇年代老建築一幢。一九三五年開設無錫第一家清真馬復興宰牛坊，一解放為中共無錫市第二區區委和第二區人民政府所在地（租賃）。

這幢在歷史、建築、人文方面均有價值的老建築卻被文物單位漏查。我們多次報告，十數次催促，一年後方補查，一人拍照草率了事，口頭結果是：先是「移地建造」，三天後推翻說「結構變動大」（注：結構基本完整，有照為憑）和「沒有穹頂的民族特色」（注：三〇年代哪有此私人建築？）為由宣稱無保留價值。

只有口頭而無書面決定，我們理解市文管會楊副主任難處，一則省去專家評議；二則省卻向省補報，實質是掩蓋其工作上的嚴重失職。

其實大可不必，封存的歷史知曉甚少乃情理之中，然已知是非物質文化遺產，特別是少數民族僅有的、不可再生的歷史遺產應慎之又慎，這是對歷史負責。實事求是，有錯必糾，何懼指責，您說可對？

《文物保護法》：「反映歷史上各時代、各民族社會制度、社會生產、社會生活的代表性實物，受國家保護。」

回總理，在不影響建設前提下，請您為無錫回民作主，保留穆斯林僅有的一席之地，也是唯一的一席之地。兩個世紀幾代人的心血為無錫創造今天，我們沒有理由不為它申請文物保護單位，為歷史文化名城而增光。（附報告全文，望查收。）

因拆遷在即，十萬火急，萬望先生從百忙中關心之。色倆目。

祝

一切佳順

無錫市回民馬忠順家族三十三人敬上

二〇〇八年十一月二十五日

八　無錫最早的中西合璧框架式大洋房——穆斯林愛國實業家馬宅的拆遷照片

大洋房副樓原貌

大洋房主樓原貌

從東拍攝之景

從中間拍攝之景

從西拍攝之景

在場人員拆遷現場

注：無錫市順安拆遷公司於二○○九年元月二日在一無約談；二無通告；三無丈量；四無簽約的情況下強行拆的，是否合法？須知房主馬公忠順先生是三個孩子參軍的光榮軍屬、數次立功家屬，市一至五屆政協委員，又是少數民族著名愛國實業家，這樣的做法有悖市委、市政府的有關拆遷政策，務請諸君公論。

九　無錫火車站北廣場城際鐵路圖

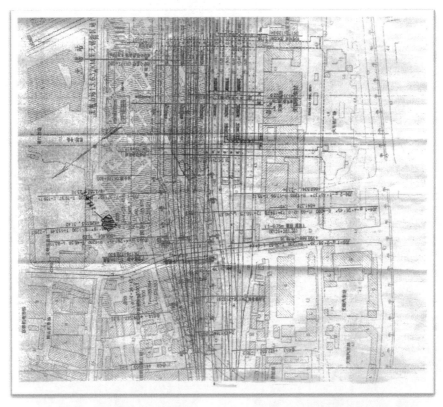

圖例為廣勤一支路六十四號九如堂馬宅（其1.6畝的大園不在其內）

十　關於「保護、復興無錫清真宰牛坊建築遺存的緊急報告」的協理答覆意見

关于"保护、复兴无锡清真宰牛坊建筑遗存的紧急报告"的办理答复意见

马孝平先生：

你和马氏家族"关于保护、复兴无锡清真宰牛坊建筑遗存的紧急报告"获悉，市有关领导对此十分重视，市民宗局、规划局、文化遗产局、轨道办等部门多次派专业人员现场勘察、评估，并为此专题召开清真宰牛坊建筑遗存保护的研究会议。1月12日，我办就办理意见专题作出答复，并按你们要求，提供了沪宁城际铁路规划建设图纸复印件。现就紧急报告办理意见答复如下：

一、清真宰牛坊坐落在广勤一支路64号，该建筑位置处于国家重点基础工程，沪宁城际铁路的六股道规划建设中心范围。工程项目已完成立项及规划设计，建设项目已进入实施阶段，工程范围拆迁工作经批准和公告已全面展开。

二、清真宰牛坊为无锡回族实业家马忠顺先生创办。建筑建于1935年，原为马氏九如堂商住两用房；抗战后改为清真兴记宰牛公司，建国后，先后用于单位办公、居民居住，因原火车站改造，原宰牛加工场已不存在，仅存的二进二层带木阁的青砖洋房，也因居住需要，多次局部改建。经查该建筑未列入文物保护单位和登记的不可移动文物。

三、按照《文物保护法》、《城市规划法》相关规定，鉴于该建筑所处位置为涉及国计民生的国家重点基础工程，对无锡城市发展具有重大影响和意义。依托无锡火车站所设计的线路无法变更，并且已进

入组织实施阶段，经对工程性质和建筑价值评估比较，认为鉴于沪宁城际铁路建设的重要意义，所以无原址保护、复兴无锡清真宰牛坊建筑遗存的客观条件和法律依据。在此对你们关心、支持无锡名城建设和城市发展的意愿表示感谢。

四、鉴于回族马氏家族对无锡百年工商、社会建设的历史影响和贡献，经研究并征求你们同意，可将"清真教门马复兴"匾额、印章、座钟等可移动文物捐赠给国家（也可让售方式），由无锡中国民族工商业博物馆珍藏保护，并在无锡工商陈列展览，以表彰、宣传无锡回族工商实业家马忠顺的历史贡献。

特此答复。

无锡市文物管理委员会

2009 年 2 月 25 日

注：無錫市文物管理委員會的答覆意見是二〇〇九年二月二十五日，而無錫市順安拆遷公司於二〇〇九年元月二日就對馬氏大宅強行拆遷了。時間是最公正的。

文化生活叢書‧人文商管 1305002

穆斯林中國實業家：著名愛國人士馬忠順傳

作　　　者	阿布杜拉‧馬孝平
責任編輯	邱詩倫
特約校稿	林秋芬
發 行 人	陳滿銘
總 經 理	梁錦興
總 編 輯	陳滿銘
副總編輯	張晏瑞
編 輯 所	萬卷樓圖書股份有限公司
排　　　版	林曉敏
印　　　刷	百通科技股份有限公司
封面設計	菩薩蠻電腦科技有限公司

發　　　行　萬卷樓圖書股份有限公司
　　　臺北市羅斯福路二段 41 號 6 樓之 3
　　　電話 (02)23216565
　　　傳真 (02)23218698
　　　電郵 SERVICE@WANJUAN.COM.TW
大陸經銷　廈門外圖臺灣書店有限公司
　　　電郵 JKB188@188.COM
香港經銷　香港聯合書刊物流有限公司
　　　電話 (852)21502100
　　　傳真 (852)23560735

ISBN 978-986-478-052-5
2017 年 12 月初版

定價：新臺幣 280 元

如何購買本書：

1. 劃撥購書，請透過以下郵政劃撥帳號：
　帳號：15624015
　戶名：萬卷樓圖書股份有限公司

2. 轉帳購書，請透過以下帳戶
　合作金庫銀行 古亭分行
　戶名：萬卷樓圖書股份有限公司
　帳號：0877717092596

3. 網路購書，請透過萬卷樓網站
　網址 WWW.WANJUAN.COM.TW

大量購書，請直接聯繫我們，將有專人為
您服務。客服：(02)23216565 分機 10

如有缺頁、破損或裝訂錯誤，請寄回更換

國家圖書館出版品預行編目資料

穆斯林中國實業家：著名愛國人士馬忠順傳 /
阿布杜拉‧馬孝平著.
　-- 初版.-- 臺北市：萬卷樓, 2017.12
　面；　公分. -- (文化生活叢書)

ISBN 978-986-478-052-5(平裝)

1.馬忠順 2.傳記 3.企業家

782.887　　　　　　　　　　105021799